未来の住まい

住宅研究のフロンティアはどこにあるのか

野城智也・大月敏雄・園田眞理子・後藤治・岩前篤・岡部明子・平山洋介・祐成保志
—著—
一般財団法人 住総研
—編—

柏書房

目次

序

住宅研究のフロンティアはどこにあるのか

野城智也（東京大学 教授）

●はじめに——この本の主旨について

一九四八年、当時清水建設社長であった故清水康雄氏の発起により、「住宅建設ノ綜合的研究及其成果ノ実践ニ依リ窮迫セル現下ノ住宅問題ノ解決ニ資スル」（当時の寄附行為第三條）ことを目的に、住宅総合研究財団の前身である「財団法人 新住宅普及会」が設立された。

以来、「住まいに関する総合的研究・実践並びに人材育成を推進し、その成果を広く社会に還元し、もって住生活の向上に資する」（現定款第三条）活動を幅広く展開し、「住宅総合研究財団」を経て、一般財団法人 住総研は二〇一八年に創立七〇年を迎えることになった。

本書は、住総研創立七〇年を記念して、「住宅研究のフロンティアはどこにあるのか」と題して開催されたシンポジウムにおける六名の発表の内容（第Ⅰ章～第Ⅵ章）および、討論の司会・進行を担当した祐成保志（東京大学大学院准教授）の寄稿（第Ⅶ章）をとりまとめたものである。その討論は第Ⅷ章に記されている。

題名に表出されているように、シンポジウムは、住総研の歴史を踏まえて、未来へ向けて、住宅研究の視野を拡げていくことを目的にしたものであった。

企画にあたり、まず、住総研創立六〇年を記念して開催されたシンポジウムとどのように関係づけるか、関係者の間で議論した。「住宅研究はどこから来てどこへ向かうのか」と題して開催された六〇年記念シンポジウムでは、住宅にかかわる各研究分野の代表ともいえる気鋭の研究者[※1]が、それぞれの分野での蓄積を踏まえながら、包括的で体系的な視野に立ち、住宅にかかわる研究展望について活発な議論をした。また、シンポジウムと並行して、いままでの研究の総覧ともいうべき書籍も刊行されている[※2]。いままでの住宅研究の成果が、体系的・包括的にレビューされており、これら一〇年前のとりまとめ成果は、いまなお私たちに多くの示唆を与えてくれる。

●持続可能性への問い

それだけに、創立七〇年記念シンポジウムの企画にあたっては、一〇年前の成果に屋上屋を重ねるようなことは避け、新たな視点から、住宅研究の未来を展望することとした。

その根底にあるのは、

「このままでは立ちゆかなくなる」

※1 髙田光雄(京都大学)、初見学(東京理科大学)、深尾精一(首都大学東京)、中島明子(和洋女子大学)、福川裕一(千葉大学)、加藤信介(東京大学生産技術研究所)、谷直樹(大阪市立大学)。

※2 財団法人住宅総合財団編『現代住宅研究の変遷と展望』丸善、二〇〇九年。

という、持続可能性（sustainability）への危機感である。

ふりかえってみると、創立六〇年から七〇年に至るまでの一〇年間は、激動の時代であった。それは、環境的側面のみならず、社会的側面、経済的側面、文化的側面のいずれかの側面の持続可能性が脅かされる事象が次々と勃発した時代であったといってもよい。

二〇〇八年には、日本ではリーマンショックといわれる世界規模での金融危機（the 2008 financial crisis）が起きた。低所得者向け住宅ローン債権が不良債権化したことが引き金となって、信用不安と企業の破綻の連鎖を生んでいった。実体経済から遊離して独自の振る舞いを強めてきた金融が制御不能になり経済活動そのものを混乱に陥れていく可能性があるという、現代の経済システムが内包する持続可能性への懸念をまざまざと見せつけることとなった。そして、発端となった焦げ付いた住宅ローンの債務者たちの多くは、住んでいた家を追われることになった。本シンポジウムで平山洋介（神戸大学大学院教授）は「住宅の金融化」を指摘しているが、そのことは、事と次第によっては、金融システムの持続可能性が、当事者の居住の持続可能性を脅かす可能性を内包していることを示唆していると考えられる。

二〇一一年の東北地方太平洋沖地震による津波は多くの人命を奪い、まちや集落を破壊し尽くしたのみならず、人類史上最大規模の原子力発電所事故をひきおこした。直視しなければならないのは、原発事故で突如として住み慣れた場所からの移住を余儀なくされた人びとの心身の苦痛であり、いまなお復興は緒についたばかりであるという事実である。三陸のかさ上げされた造成地に立ってみると、ドラッグストアやコンビニエンスストアなどの店舗建築がぽつんぽつんと建ち始めた状況で、かつて、この地で暮らしていた人びとの営みは戻っていない、という冷酷な現実に直面する。原発事故による避難者の方々にとっても、また、津波による被災地域の多くの人びとにとっても、かつての居場所は奪われたままの状態である。本シンポジウムで岡部明子（東京大学大学院教授）は、「都市への権利」という概念を提示した。それは、「現在および将来の居住者の誰でもが、生活の質にとって本質的な共有財である持続可能で包摂的な都市に居場所を持ち、公平に都市を使用し生産する権利」であるという。東日本大震災によって損なわれた「都市への権利」は、まだ多くの人にとって回復されていないのである。土地の所有権は保全されて区画整理が進みながらも、空き地だらけで「都市への権利」が回復できていないという状況は、「都市への権利」の充足状況が、地域社会や経済の持続可能性を左右することを示唆している。

私たちが住む列島は地震の活動期に入ったという。実際、二〇一一年以降も、平成二八（二〇一六）年熊本地震、平成三〇（二〇一八）年北海道胆振東部地震をはじめ繰り返し震度五以上の地震に襲われ、甚大な被害が生じている。また、地球規模での気候変動によって、大型台風・ハリケーンや、集中豪雨、渇水、山火事による惨禍が世界各地で頻発するようになっており、ここ数年、列島各所に気象災害は深い爪痕を残している。結果として、地震や気象災害によって、少なからぬ人びとが、住まいや居場所を失ない、「都市への権利」の回復に苦しんでいる。これらの災害外力そのものは自然現象で不可避であるが、回復スピードは、地域に潜在する復元能力（resilience）によって差異があることを、過去一〇年に繰り返された災害は示唆している。地域の社会経済の持続可能性を高めるために、いかにして地域の復元能力を高めるかが重要な課題となってきたのである。人口の高齢化・少子化による生産年齢人口の縮小と、国内製造業の空洞化により、地域の社会経済が縮退し、それにより地域の復元能力が毀損《きそん》しているおそれがあることは否めない。それだけに、どうするかが問われている。

この縮みゆく地域社会の一つの象徴が、過去一〇年に、より露わになってきた空き家問題である。この問題は、単に地域に所在する世帯数と住宅ストック数の差異だけに着目していては解決できる問題ではない。本シンポジウムで園田眞理子（明治大学教授）の指摘した「不都合な真実」に目をそむけることなく、いかにしてこれを克服して、それぞれの地域を大月敏雄（東京大学大学院教授）がいうところの「定常社会」にもっていけるのかが喫緊の課題となっている。

園田眞理子は、「不都合な真実」には、住宅投資が「資産」になっていないこと、特に郊外で地価が下落しているということが含まれるという（投資と資産のアンバランスは新たな破綻の芽になるのではないかと危惧される）。若年期に長期の住宅ローンを組んで住宅を建設購入するという、かつては当然視されてきたことが、必ずしも合理的な活動とはいえなくなってきている。また、そもそも、雇用の不安定化・流動化とも相俟って、長期の住宅ローンを払って住宅を取得する層がやせ細っている。かつては、住宅を所有して住宅双六《すごろく》の上がりとされてきたが、若年層のなかで住宅双六を上がれる人、上がろうとしている人が、減少しつつあるのである。また、住宅双六を上がったはずの高齢層の少なからぬ割合の方々は、孤独・介護という現実に直面し、持ち家の取得が決して双六の上がりではなかったことが顕在化しつつある。平山洋介は、本シンポジウムで、従前は、誰もが住宅資産を持つ民主社会（property-owning democracy）がパラダイムたりえたが、いま、住宅所有の大衆化から再階層化（身分や収入などの階層によって決められる社会に再び戻ること）へ向かいつつあると指摘する。住宅資産をとりまく以上のような状況は、社会的、経済的持続可能性の懸念要因となることは間違いない。

歴史を振り返れば、階層化の進展は、不寛容さを助長し、係争を引き起こしてきた。実際、世界に目を転じれば、過去一〇年の間、非寛容さが世界各地で紛争を勃発激化させ、テロを頻発させてきた。その結果、人びとが暮らしてきた住まいや、慣れ親しんだ居場所を情け容赦なく奪ってきたことを直視しなければならない。そのことは、地球規模での社会的・経済的持続可能性にとっての重大な懸念要因となっている。

●場に貼り付いた論理・文化の重要性

本シンポジウムは、以上のような激動の一〇年に起きたことや、諸問題が顕在化してきたことを踏まえ、持続可能性に対する危機感を出発点に、六人の気鋭の研究者が講演し、それを受けて祐成保志の司会のもと議論が交わされた。そこに共通するのは、「過去の思考枠組のままでは立ちいかなくなる。新たなパラダイムにたって思考し行動しなければならない」という問題意識である。

新たなパラダイムがいかにあるべきか、講演者や、議論の参加者は貴重で重要な示唆をさまざまに提示している。その多岐にわたる内容は、本書に所収された講演者の論考や、議論の記録に所収されており、ここで中途半端な要約をして、読者諸氏にバイアスをかけてしまうことは筆者の望むところではない。

以下、講演を聴き、議論に参加した筆者から見て、新たなパラダイムを打ち立てるにあたって重要と思われる切り口を指摘して、本書の序の執筆者としての任を完了させたい。

その切り口とは、グローバル化した経済社会がもつ論理と、建築やまちという「場」に貼り付いたことがらがもつ論理・文化との相克という論点である。

いまの経済社会は、ある意味では、情報で駆動された社会である。デジタル化(Digitization)された情報は、デジタルデータを活用した技術革新(Digitalization)の恩恵を受けて、瞬時に世界中を駆け巡る。その情報を追うかのように、瞬時にお金も世界中を移動する。いま、このような瞬時に流れる情報・金融が、二〇〇八年金融危機を再来させる脆うさを秘めつつも、従来では考えられなかった分野の新たな結びつきを生み、次々と新たなシステムやサービスを私たちに提供するというイノベーション(Digital Transformation)を推進している。情報・金融がグローバルに経済を動かしているといってよい。

一方、私たちは、「場に貼り付いた論理や文化」のなかで生きている。


たとえば、本シンポジウムで、岩前篤（近畿大学教授）は建築・都市のあり方と健康との関係について論じた。関係を支配するのは、建築物理学と、その場に身を置いた人の身体状況を律する生物学・医学の論理であって、事物の空間配置と距離とが他の要因より卓越して働く基本法則となる。低温状態の人への健康影響は「場所に貼り付いた論理」に支配されているのである。

またたとえば、後藤治（工学院大学教授）が本シンポジウムで紹介したヘリテージマネージャーは、その場所にある建築の歴史的価値を同定し、今日的な意味を加味して保全を図っていく専門家であるが、まさに、土地に貼り付いた建築文化の発掘者・保護者といってもよい。

さらにたとえば、大月敏雄は、「居場所の計画」の重要性について述べているが、居場所という概念そのものが、「場に貼り付いた論理や文化」を強く反映していると考えられる。

重要なことは、これらの「場に貼り付いた論理、文化」と、「グローバル化した経済社会がもつ論理」

とは別物だということである。確かに、低温状態の人への健康影響を研究するにあたってはデジタル化されたデータと技術は用いる。また、地域の歴史的環境を守るための活動がＳＮＳを介して組織化されたりすることもある。しかし、そこで取り扱われる情報が、グローバルな経済を駆動させる要因となることはいまのところない。今日のＩｏＴの基本概念をつくり、トロン建築（設計・仕様等を公開（オープンアーキテクチャー）した新しいコンピューター体系を目指すプロジェクトの一環）などを手掛けた坂村健（東洋大学教授・東京大学名誉教授）は、「コンピューターはコンテクストを認識することを苦手とする」と述べている。「場に貼り付いた論理や文化」はまさにコンテクストを構成しており、そもそもデジタル化による技術革新の外側に置かれているといってよいのかもしれない。

ここで、私たちが直視しなければならないのは、「グローバル化した経済社会がもつ論理」のもとに、

・建築構成材のサプライチェーンが世界規模に拡がったこと
・住宅が市場での取引対象になったこと
・「住宅の金融化」が進んだこと

によって、それぞれのセクターが関心をもつ側面の情報のみが切り出され、世界規模で流通しているということである。たとえば、多くの国で、住宅の新築活動のボリュームは、景気指標の一部を構成している。問題は、この一面の切り出された側面の情報だけで住宅や都市が扱われ、「場に貼り付いた論理や文化」を無視したり卓越することがしばしばあり、それが持続可能性を脅かすことがあるということである（大月敏雄のいう「白黒の機能評価」はこうした側面を指摘しているのだと思われる）。

たとえば、二〇〇〇年代前半から大都市の住宅「市場」では、超高層集合住宅をタワーマンションと呼び、供給者の宣伝活動と、ＳＮＳなどでの情報拡散が相乗し、いわゆるタワマン・ブームをおこした。しかし、宣伝活動やＳＮＳで流通する情報は、一面的情報であり、停電時における垂直交通手段や給水にかかわる脆弱性や、立地する地域の地盤など、その地理的条件が抱える脆弱性や復元能力の差異についての情報は必ずしも流通していない。市場では「優れたモノ」が「劣るモノ」を駆逐することで、やがては「優れたモノ」が優越していくと、古典経済学の教科書には書かれているが、必要な情報へのアクセスが制約されていて現実にはそうはなっていない。

私たちや来たるべき世代にとって、「場に貼り付いた論理や文化」が重要であり、「グローバル化した経済社会がもつ論理」に蹂躙《じゅうりん》されて私たちに厄難をもたらす可能性があるとすれば、新たな枠組をうちたてていくしかない。

本シンポジウムのパネラーは、その新たな枠組について多くの示唆を提供している。

後藤治は、建築歴史研究の視点・分析の観点が変化し、資源の循環的利用や持続性という観点から、いまあらためて、受け継がれる住まいについて実証的に考究する研究者があらわれていることを紹介した。まさに、「場に貼り付いた論理や文化」に関心が集まりつつある。前述の各地のヘリテージマネジャーは、まさにその具現者であるともいえる。情報が駆動する経済社会では、単なるモノではなく、そのモノに貼り付いている「物語」が価値をもつ社会でもある。工夫次第では、その地域に貼り付いた建築都市の歴史が、経済的な価値をもつことで継承されていくという道筋がつけられるように思われる。

園田眞理子は、内田樹（神戸女学院大学名誉教授）の「ひとりも脱落させず、仲間を守り、手持ちの有限の資源をできるだけ温存して次世代に手渡すこと」という言葉を引用しつつ、「ご当地資本・主義」という概念を提示している。これは、地域に貼り付いている人、モノ、コトを関係づけることで、グローバルな経済活動の論理とは別に動く、それぞれの地域に根ざした経済活動を起こしていこうという運動であると思われる。医療、介護、教育など「現場」をもった組織的活動は、「グローバル化した経済社会がもつ論理」だけでは動けないし、動くべきでもない。大月がいうような地域のなかで新たなコネクティビティ、アクセシビリティを創出しつつ、地域の資源を賦活・活用して「場に貼り付いた論理や文化」を反映した経済活動をいかにして成立させるのか、園田がいうように具体的な行動が求められている。

いままでの日本国内の住宅研究は、都市や経済が右肩上がりに規模拡大していくという時代にその基本的な思考枠組を形成してきた。しかし、国内にあっては、以前の住宅不足から住宅過剰の時代となり、規模拡大を前提とした関連制度の見直しは待ったなしとなっている。一方では、日本の都市の中心部の高所得者向け住宅が国内外の富裕層の投資対象になるといったように「グローバル化した経済社会がもつ論理」が、私たちの住まいの軒先どころか母屋にも入り込んできている。ここまで前提が変わった中で、過度に、過去の思考枠組に拘泥《こうでい》することは、さまざまな側面からの持続可能性の危機に対して、無為であるということに等しい。

そのためには、それぞれの「場に貼り付いた論理や文化」の大切さを踏まえた、新たな仕組みを構想し実現していかねばならない。それは、規模の経済だけではなく、距離の経済が重要であることを根拠に設計された地域の経済社会であり、それが実現することで、人びとは居場所を見出し、「都市への権利」が保証されていくことになろう。

「場に貼り付いた論理や文化」に基づいた距離の経済の具現化については、学術的基盤は現時点では未成熟である。経済学、社会学など関連分野からみれば、怪しげにすら見えるかもしれない。しかしながら、持続可能性に対する危機感を共有しつつ、従来の学問領域分類に拘束されない連携に基づいた新たな創造が、住宅研究には求められているように思う。

「住宅研究のフロンティアはどこにあるのか」と題したシンポジウムの記録が、こうして書籍としてまとまることによって、過去の思考枠組の桎梏《しっこく》を離れた「創造的破壊」により、新たなパラダイムを構成していくための第一歩となることを切に望みたい。

第Ⅰ章

「定常型社会」への移行に向けた地域居住空間の再編

大月敏雄（東京大学大学院 教授）

1．地域居住空間の再編のための四つの移行

本書の主題は、住宅研究の分野においてこれから一〇年先をどう考えるかということだが、やはり一〇年先を考えるには、二〇年先、三〇年先、四〇年先のことを射程距離に置きながら考えざるをえない。そこで、広井良典（京都大学教授）が使っている「定常型社会」（文献1）という概念を借りて、まず、一つめとして日本が定常型社会にスムーズに移行することをさしあたっての目標と考え、そこに移行していく際の社会的な条件を概観したのち、そこで重要になってくる、住宅をつくることや維持することばかりではなく、二つめとしてどうやって住宅を「回す」（流動化する）社会に移行すべきか、ということを議論してみたい。

三つめには、近代を支配してきたデジタル思考、つまり1と0の二進法的に物事を評価し、四則演算的かつ演繹的に、その単純な評価からあらゆる計画目標を設定する思考様式から、物事を白と黒とに二分しての評価でない、中間地帯としてのグレーな領域を評価し、計画目標化できる研究手段や目的への移行が、住宅研究にとって重要であることを示したい。

2．定常型社会への移行

（1）目標像としての「定常社会」

日本の人口の年齢構成の分布【図1】を見ると、一歳の間に一〇〇万人を超す人が居るコーホート（同年出生集団）が多いのだが、中でも、いわゆる団塊世代や団塊ジュニアの世代は二〇〇万程度と、そのボリュームが大きい。その間の世代は、一五〇万から二〇〇万くらいで推移しているが、団塊ジュニア以降は次第に一〇〇万に近づいていき、将来的には一〇〇万を切った状態で少しずつ減っていくと予測されている。

逆に団塊世代の前の世代は、日本が戦争をやっていたときに生まれた人たちで、「産めよ増やせよ」の時代に生まれた世代であった。兄弟がやたら多く、このあたりの昭和初期や大正時代に生まれた人たちは、戦争で相当亡くなっていて、ある種非常に力強い人たちだけが残っているという側面もあるが、年齢とともに、徐々に人口

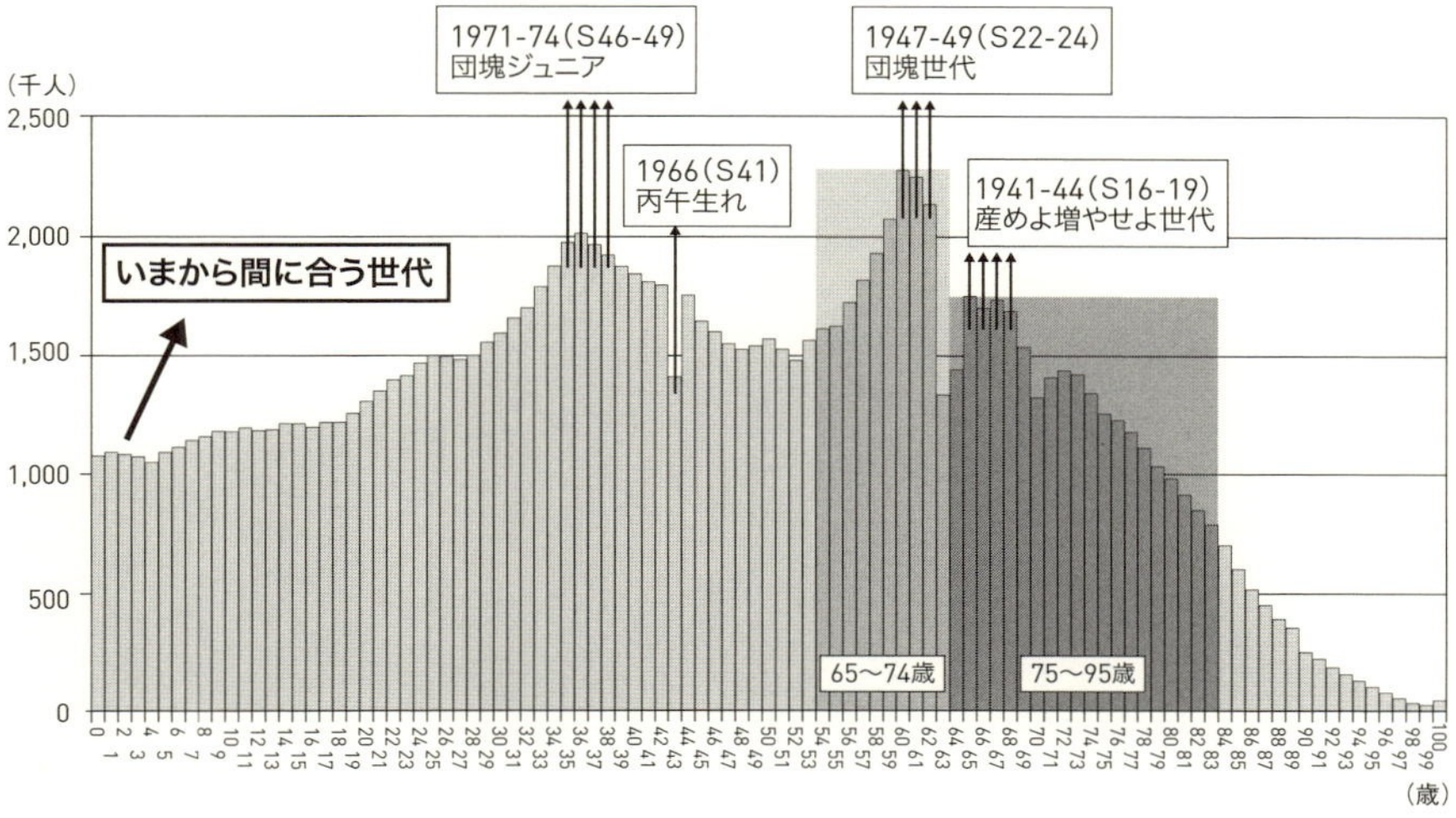

【図1】2020年の人口構成

の総量は減っている。

現在、高齢者の介護や医療を考える場合に一つの山場となるのが、団塊世代が一斉に後期高齢者になる二〇二五年と言われるが、このピークをどう日本社会として乗り越えるかが問われている。ただ、このピークを凌ぐために過剰な設備投資をしてしまうと、将来的には施設の空きストック問題に直面するのではないかという懸念もある。

そして、二〇四〇年にもなると、団塊世代と入れ替わりに団塊ジュニア世代の高齢化が同様に問題になり、そして二〇六〇年くらいになるとようやく、定常型社会と呼べるような状態になっていくと予測される。約四〇年後に定常型社会が訪れるとして、そこに向かって現在の住宅のありようをどのように移行させていくべきかを、いまから考え始めなければならないだろう。

(2) 地域包括ケアシステムを構成する住宅群の課題

こうした大きな趨勢の中、現時点では地域の中で高齢者がどんどん増えていく状況であり、施設への過剰投資を抑制しながらも、医療と介護を地域の中で連携させながら、高齢者がどこかで落ちこぼれることなくケアしようというシステムを、地域包括ケアシステムとして、厚生労働省が主導しながら目指すようになった。このシステムの解説文には、「住み慣れた地域で能力に応じて自立した生活が営めるように医療・介護・介護予防、住まい及び自立した日常生活の支援が包括的に確保される体制」という、非常に格調高い説明が付されている（五一頁の図4参照）。

このシステムを図解したポンチ絵の真ん中は「住まい」になっているわけだが、これは事情が許す限り、高齢者は自宅にとどまりながら、外付けの訪問や介護、場合によっては看取りまでのサービスを受け入れることを目指すということが強調されている。しかし、世の中の大多数の住宅の間取りや設備は、住宅の一次取得層である「三五歳の親と生まれたての子ども」から成り立つ世帯に都合のよいようにつくられたままであるので、介護が必要になった高齢者の生活には適応していない点がきわめて多い。この課題にいかに対応していくかが、地域包括ケアシステムを目指す場合の、さしあたっての重要な課題であることは間違いないのだが、介護保険適用の最大二〇万円の住宅改修費補助（一割本人負担）くらいしか、普及した補助制度がない現在、なかなかこのポンチ絵のようにはならないだろう。

このため、自宅にずっと住んでいて、ある日突然転倒して大腿骨骨折してしまって、病院に入って二か月で追い出されて、完治もしていないので家に帰れなくて、三か月リハビリ病院にいる、というような、きわめてありふれた事例に示されるように、住み慣れた住宅を泣く泣く離れて生活せざるをえない人が後を絶たない。訪問型の介護や看護を受け入れる体制が、個別の住宅で整わないのなら、有料老人ホームとかサービス付き高齢者向け住宅（サ高住）で受け入れて欲しいのだが、いざ探し始めても近所に都合よく良い物件がない状況である。こうしたケア付きの高齢者用居住施設は、新規参入の建築物であるので、市街地に建てようとすると地価が高すぎてビジネスにならないから、市街地から離れたところに建設されがちである。「住み慣れた地域で能力に応じて自立した生活が営めるような体制」を整えていくのは、このように課題ばかりではあるが、既存の建築ストックをどのように改修したら住み続けられる住宅となるのか、そして、有料老人ホームとかサービス付き高齢者向け住宅やそれに類する新たな居住施設を、地価負担のない形で市街地にどう提供できるか、こうした複雑な課題を少しずつ解いていかねば、安定した定常型社会を築けないのではないか。

（3）地域ごとの住宅双六を見直す

この、地域包括ケアが求められていることを示すのは、上田篤の「現代住宅双六」（一九七三年）を改定した「新住宅双六」（二〇〇七年）である。一九七三年時点では「上り」であった「郊外庭付き一戸建て」はすでに上りではなく、その先に「老人介護ホーム安楽」「親子マンション互助」「農家町家回帰」「海外定住」「都心高層マンション余生」といった新しい上りが合計六つ用意されるようになった。そして、六つめの上りが「自宅生涯現役」である。かつての上りであった、憧れの郊外庭付き一戸建てに住んで、借金を完済したのはいいけれど、子どもたちが出ていって、高齢者だけになった時、どこまで現役として自宅に住むことができるのか、ということを投げかけている［図2・図3］。

この新しい住宅双六も、現在の日本の住宅事情を鮮やかに喝破しているのだが、看過されている点が二点ある。一つは、コマとコマとの間を引っ越ししなければならないということ。引っ越し業者以外に、引っ越しを本気で研究している人は、実はあまり多くはない。

現在は自治体間の人口分捕り合戦の時代だから、移住定

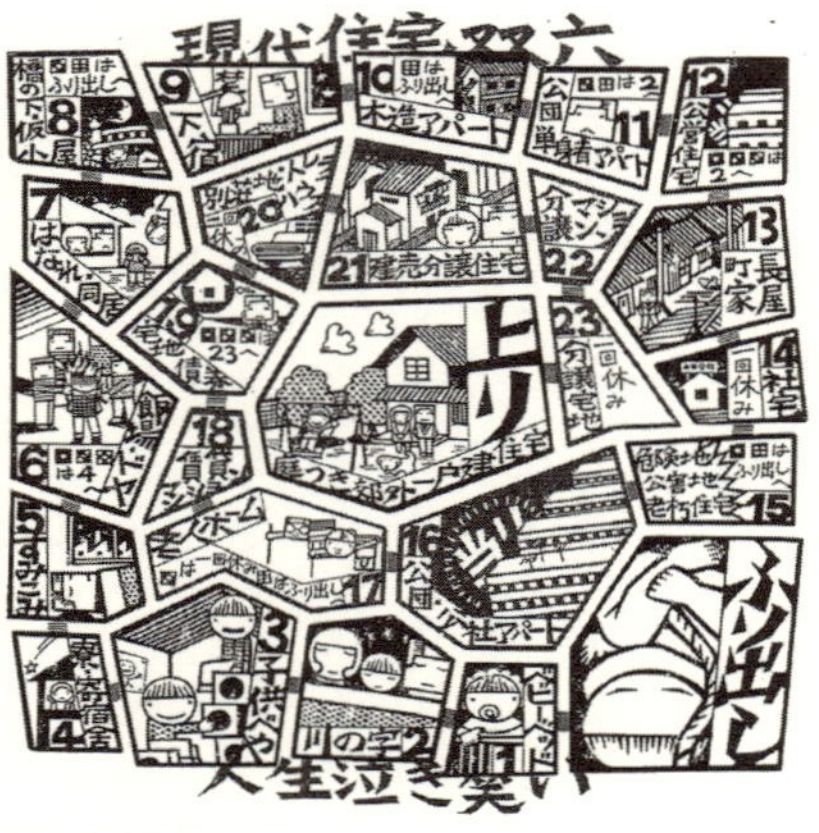

［図2］「現代住宅双六」
出典：『朝日新聞』1973年1月3日

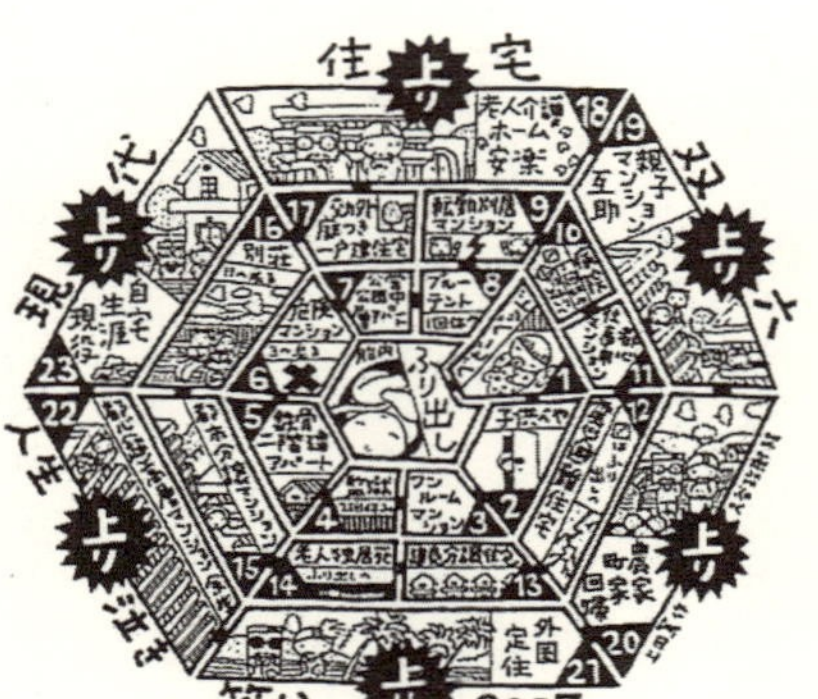

［図3］「新住宅双六」
出典：『日本経済新聞』2007年2月25日

住促進のための方策が多少は考えられるようになり、移住定住促進住宅などが公的に建設されたりするが、他所からいきなりそこに来る人はいない。なぜなら、引っ越してくる人の都合があまり考えられていないからである。まずはその町の存在を知らないといけない。住むに値する町でなくても、行くに値する町として、他所の人から認識されなければならない。次に、その町に行っても、泊まるところがなければならない。そこで、民泊をプロモーションするなどの、数日間お試しで泊まれる空間的資源が必要になる。そして、今度は長期の滞在を許容する居住施設がなければならない。そして、ようやく引っ越そうとなった時に、仕事をどうするかという話があって、畑でもやりたいという場合は、畑を貸してくれるところがあるのか、親切に営農を教えてくれる人が居るのかなどが課題となる。田舎になるといろんな行事があって、月に一回草むしりしなければならない、溝掃除をしなければならない、公園掃除をしなければならない、という大変なお付き合いが待っていたりしないだろうかとか。たかが引っ越し、されど引っ越し。引っ越しをデザインするための研究が必要である。

そしてもう一つ、住宅双六が見落としているのは、それぞれの住宅のコマが海外だったり都心だったり農家だったり、てんでバラバラの地域にあることだ。地域包括ケアシステムで「住み慣れた地域」といっても、自分が住んでもいいなと思うエリアがあるはずである。この家じゃないとだめだとか、この小学校区内だったらいいとか、この沿線の範囲だったらいいとか、世田谷区だったらどこでもいいと思っている人もいるかもしれない。こうして、ある特定のエリアの中で住宅双六のコマとなる住宅の種類がいくつ用意されているのかが重要なのであるが、こうした観点からの研究はまだ手薄い。

（４）"arrival city"と住宅の多様性確保

Doug Saundersの"arrival city"（文献２）という本は、世界中のどんな大都市でも最初はスラムが形成される、と指摘している。田舎から都会へやってきて、スラムに逃げ込めば、住宅をはじめとして、インフォーマルではあっても就労機会や人と出会う機会に恵まれるため、昔から「スラムは問題ではなく解決である」と言われることも多い。これを、住宅の側面から見ると、affordable housing（低廉な家賃で入れる住宅）の供給基地がスラムであるということだ。居住環境が悪いなど、色々と問題もあるが、とにかく田舎から出てきた人たちが都市の活気を底辺から支えていて、経済が成長して、そのうちその人たちにも恩恵が行けば、その人たちが住宅双六的にステップアップしていくだろうという、素朴なトリクルダウン仮説※1がこれまで支配的だったが、この仮説が実現された試しはなかったのではないか。その、トリクルダウン仮説のごく一部を切り取ったものが先ほどの住宅双六であるとも言えよう。

図４は、ナイロビに、どういう種類の住宅ストックがあるのかについて筆者が調査したものであるが、田舎から出

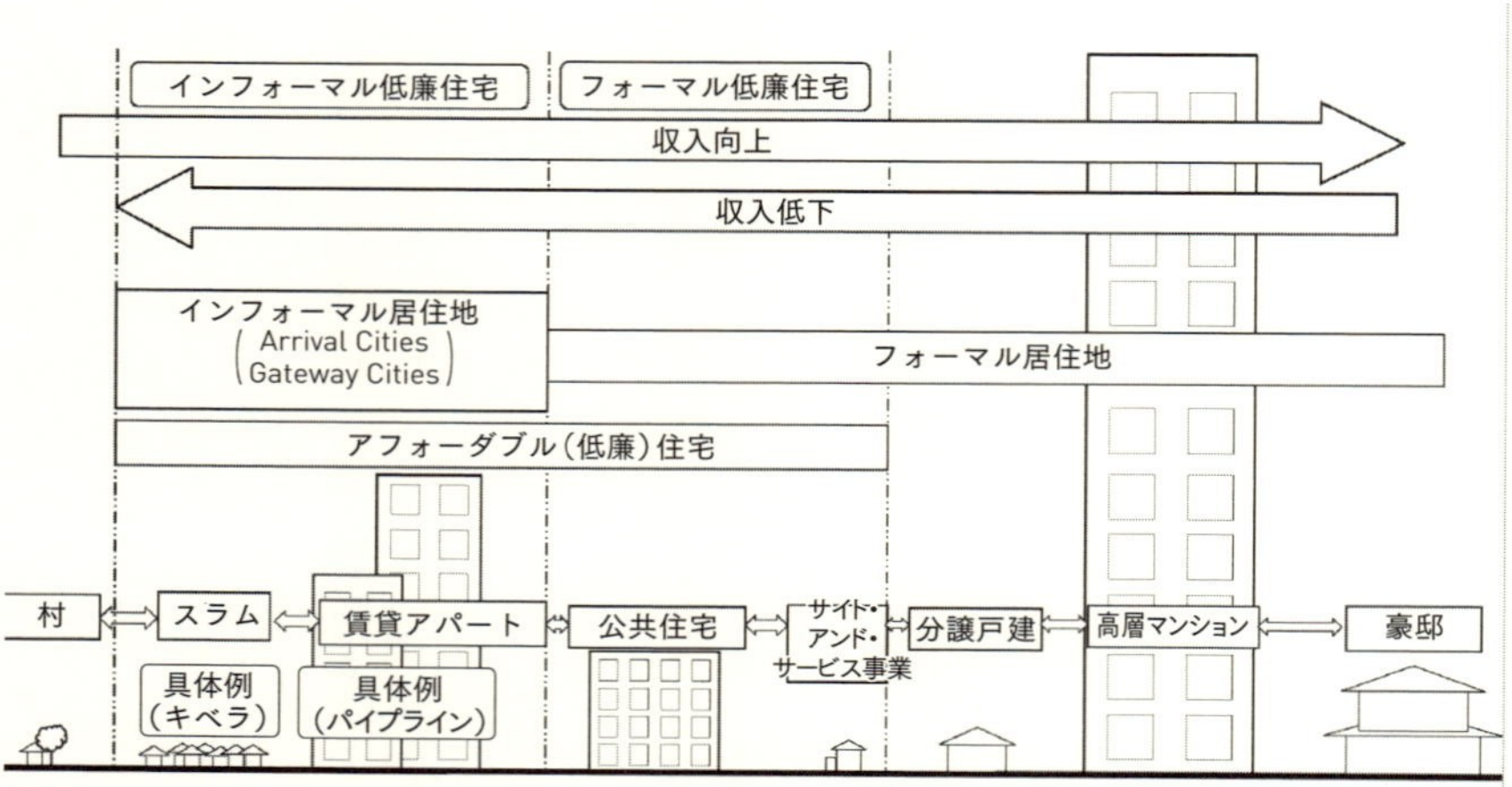

［図４］ ナイロビにおけるarrival cityの構成

てきた人がたいてい最初に行くのがスラムだ。少し金儲けをすると、スラムの地主がつくる賃貸アパートがスラムの横にちゃんとある。それに、政府が国連から支援を受けたりして公共住宅をつくるが、そこに入るためには、所得証明が必要だったりする。日暮らししている人には所得証明はないし、それを発行してくれる人がまずいないし、字も読めないからその証明書が本物かどうかもわからない。しかし、民間の住宅はそんな証明書はいらないから、家賃が安くて住める。もし、この人たちが成功した場合にも移り住むべき小さな戸建住宅がいっぱいあって、もっと成功すると外国人も住んでいるようなコンドミニアムがあるが、高サラリーの外国人しか住めない住宅もある。これらがうまく都市の中でラインナップされて人びとは自分の身の丈に応じて住まいを変えていく。

このような、住宅をめぐる、わらしべ長者的なサクセスストーリーの第一歩であるaffordable housingが、都市にはないといけない。それが“arrival city”「到着都市」である。大都市全体で見た場合、到着都市みたいなエリアがないといけないことは当然だが、町レベル、小学校区・中学校区レベルでもそういう部分(住み始められる部分)がないと、最初に住み始めるところがなくていろいろと困ることは目に見えている。翻って、日本の大都市の都心部なり、郊外の住宅地なりが、このような arrival city 的性格を備えているかどうかもまた、地域包括ケアシステムを形成していくための、そして、地域が多様性を保ったまま自立していくための要件となると思われる。

※1　富める者が富めば、貧しい者にも自然に富が落ちる（トリクルダウンする）とする仮説。

（5）町を住みこなすための住宅の多様性

個々人の事情に応じて、うまく引っ越しが成功した結果、必ずしも同じ家に住み続けるわけではないけど、同じ地域に住み続けられる。そんな風に「町を住みこなす」（文献3）という考え方も、同時に追究されるべきではないかと思われる。

以前、一九七〇年代に建設された、地方の県庁所在地の郊外戸建住宅団地を調べたことがある。団地の真ん中にはセンターがあって商業施設があるのだが、そこと、小中学校、そして県営住宅以外は、ほぼ六〇坪くらいの敷地に総二階建てといった、似たような住宅が、端から端まで同じように建設されていた。当時のまちづくりの考え方の根本は用途純化なので、このニュータウンの住宅構成要素は、ほぼ庭付き郊外戸建住宅のみであった。

この町では、急激な高齢化に悩み始めていたので、その実態を調べようと思って、この町の不動産流通の八割くらいのシェアを占める町で唯一の不動産事業者の協力を得て、ニュータウンの中のどこに、どこから人びとが引っ越してくるのかを調べてみた**［図5］**。

ここで一番大きい流れは、県外から七二世帯が戸建の賃貸に入ってきていることである。次に多いのが市内から戸建賃貸に入ってきている五六世帯。県庁所在地なので、定期的な入れ替えがあって、転勤時の戸建賃貸ニーズが一定量あることは容易に推察できる。しかし、市外からの人は、ほとんど戸建の持ち家に入っていない。いきなり来て、戸建の持ち家を買うというのは相当確信犯じゃないとできない。市内から直接戸建分譲へ引っ越してきた四六世帯というのは、市内に住みながら、この団地と行き来をしながら、いい物件があったら買おうと思っていた人が、遊撃手のように市内からやってきたことを示している。

ここで面白かったのは、外からやってくる人の全体の三分の一程度が、このニュータウンで生まれ育った人たちであったことだ。いまの時代、共働き世帯が多く、子どもの面倒を見てもらえるような環境はなかなか見つからない。また、今後のことを見据えてライフワークバランスを考えようという中で、一つの選択肢として地元に帰るというのが相当増えているようである。年齢でみると、ニュータウンには六〇~七〇歳くらいの第一世代が多く住んでいて、帰ってこようとする子どもが三五歳から四〇歳くらいの、子どもが小さい人びとで、家も欲しい人たちである。そういう人たちが地元に戻ってくる大きい要因の一つが子育て。いまはまだ若い祖父母に子どもの面倒を見てもらうための近居が、多数起きている。

こうして近居を目指して、生まれ育ったニュータウンに戻ってきたい人びとが多いのだが、戸建の持ち家でちょうどいいものはすぐには見つからない。だけど、逡巡しているうちに子どもが小学校や中学校に入学となると、そちらを優先しなければならない。このためにまず、戸建の賃貸に入って、子どもを入学させておいて、不動産屋に紹介してもらう。逆に言うと、もし戸建の賃貸がなかったら、このニュータウンが若返る現象は起きなかったかもしれない。

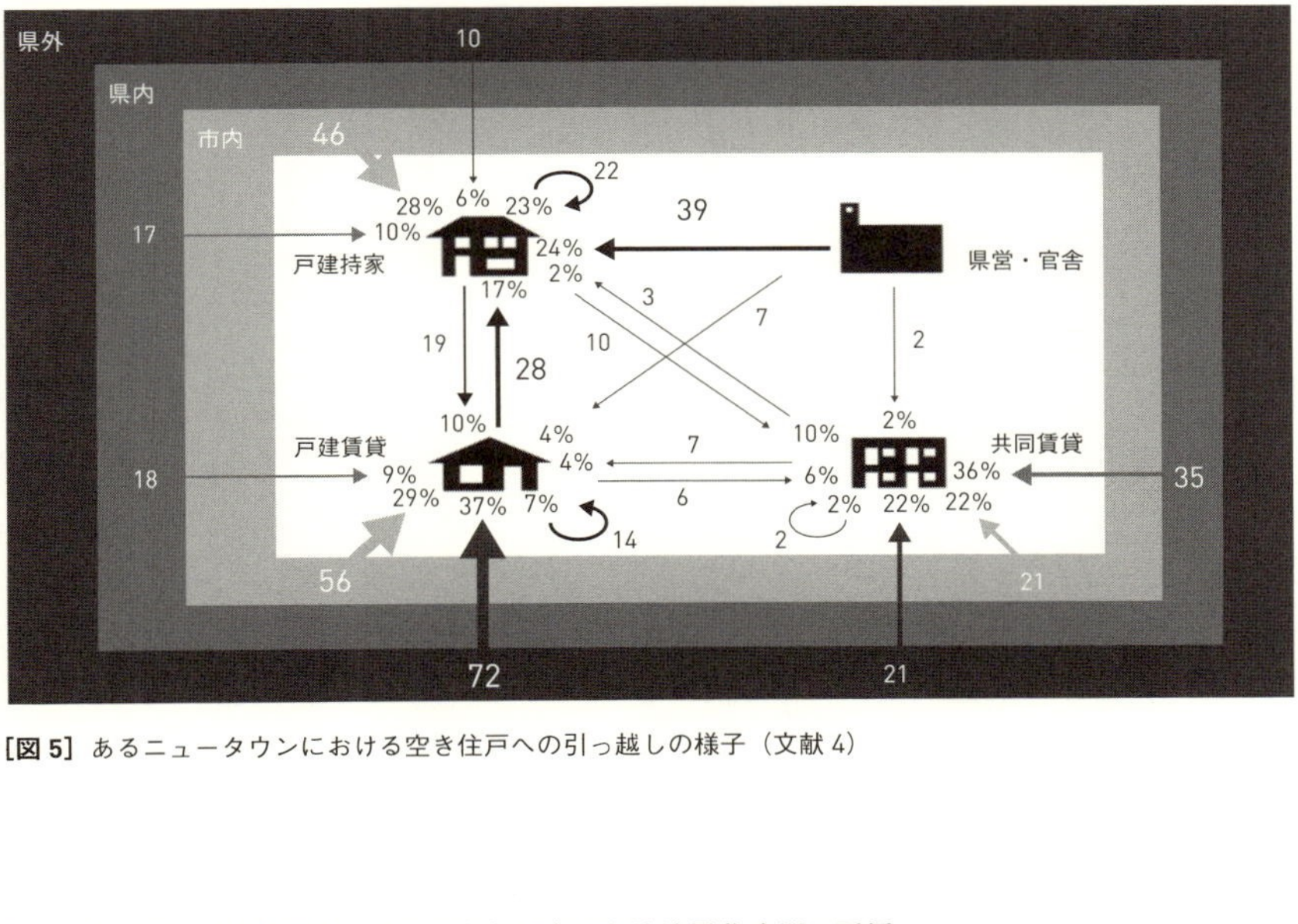

[図 5] あるニュータウンにおける空き住戸への引っ越しの様子（文献 4）

もう一つ注目したいのが、賃貸アパート。そこには、多くの母子家庭の人たちが住んでいる。いまや日本人の平均として、三組に一組が離婚している。母子家庭が親と近居して子育てを手伝ってもらうというニーズはとても切実で深刻だ。仮に賃貸アパートがなかったら、近居ニーズを持った切実な母子家庭を救えなかったかもしれない。

そういうことを考えると、端から端まで六〇坪の分譲戸建が建つ住宅地がいい住宅地ではなく、賃貸系の戸建とか集合住宅がそこそこ混じり合った住宅の構成が、町を住みこなしていく現象を底支えしてくれているとも解釈できる。

(6) 地域別住宅双六と自決型地区計画

フィオーレ喜連川《きつれがわ》（文献5）という栃木県の団地は、温泉つきの高級戸建て団地で有名なところであるが、この戸建団地に隣接して雇用促進住宅が二棟（六〇戸）売りに出された。そこで、たまたま戸建団地の管理組合の理事長が不動産業を経営していたので、この集合住宅を買い取った。このアパートには、空き家がいっぱいあって、居付きで買い取ったのだが、空き家のところは、賃料が「中学生以下の子ども一人につき五〇〇〇円割引」とか、「店舗を出してくれる場合には三か月間無料」とか、「市外から引っ越してくれた人は三か月間無料」とか、また、「セルフリノベＯＫ」とか、集会所だったところはデイサービスにするとか。本来は行政がやるべきような仕事を、団地の管理組合の意向を踏まえながら、個人で行っている。

逆にいうと、ある特定の地域において望ましい住宅双六は、地域の境界を少し広げたり削ったりしながら運営することによっても可能であるし、もし、地域に必要な住宅ストックがあるのであればそこに誘導的に必要な機能を想定することも可能なはずである。都市計画制度の中に、地区計画というのがあるが、地域の人びとが必要と思った機能を、既成の都市計画用途指定から一歩踏み出した形で、住民自身が決めていくというような地域単位で発生する場面をどのように支援していくかということも、重要な研究課題である。

(7) 住情報とハウジング・チェーン

民間住宅の賃貸や分譲に関する情報は、ちまたの不動産屋さんに行かないとない。しかし、ちまたの不動産屋さんではUR賃貸住宅の情報は扱っていない。公営住宅も公社住宅も扱っていない。サ高住も住宅だけれども、地域のケアマネさんなどの福祉関連の人くらいにしか、この情報は出回っていない。同様に、グループホームとか介護老人保健施設（老健）とか特別養護老人ホーム（特養）についても、福祉関係者はその情報を把握してはいるものの、地元の不動産事業者は知らない。または、病院の退院調整時に、メディカルソーシャルワーカー（MSW）がいて、その人が判断をして退院先となる住宅を選ぶけど、その人も不動産のプロではないから、MSWが手にした営業情報のみで退院先として、貧困ビジネス的な住宅を選ぶということもある。

一方で、空き家とか空き地で、田舎に行って本当に値が付くかどうかわからないような物件については、普通の不動産事業者は一切見向きをしない。最近は、地方自治体がやっている空き家バンクも充実しつつあるが、よっぽど地元の住人やNPOが支援をしないと、これまで述べてきたような理由で、物件があるからといって、おいそれと引っ越しが実現するものではない。

ことほど左様に、引っ越しという現象は、日本の中でデザインされていないのである。

自治会、町内会に何が問題かとインタビューすると、高齢化だという答えがよく返ってくる。しかし、高齢化の何が問題かと聞いても、要領のよい返事は返ってこない。つまり、高齢化して自分や家族がそれまでの生活を営める状況でなくなった時、次にどこに住めばいいのかわからないという、漠然とした不安、見通しの効かない未来が、このような「高齢化に対する漠然とした不安」をもたらしていると考えられる。仮に、骨折して入院したあとはどこに住むことができるのか？　連れ合いがパーキンソン病になって重度化したらどうしたらいいのか？　認知症になったらここに住み続けられるのか？　こうした問いに答えられない原因は、健康な時から介護などが必要になった時までをつなぐ、地域における住情報が十分に人びとに伝わっていないことが原因と考えられる。

だから、事業者も不動産業者も自治体も、多種多様な住情報を地域で共有して、六〇歳を超えたあたりから地域の住情報についてみんなで勉強するような、それをたとえば国民の義務にするようなことに取り組まないと、実は、地域包括ケアシステムは完成しないのではないか、というような気がしている。現在、国土交通省が進めている居住支援協議会や、居住支援法人の動きに、こうした課題が託されていくのではないかと期待している。

3．住宅を「つくる・維持する」から「回す」へ

（1）従来の不動産情報ではないものを回す

現行の不動産事業者は基本的に、同じ空き家でも家賃の高い空き家しか相手にしないので、値のつかな

いような空き家は基本的に、不動産流通に乗せていない。ところが、地域の持続性を考えるときには、それらをどう回すのかというのが非常に重要となる。こうした事態を受け、二〇一八年のはじめに、不動産売買については、価格がどうであっても最低限の仲介手数料（一五万円）を保証することになったが、賃貸借については、そういう制度はまだできていない。

また、最近では、回す技術としてインスペクション（建物検査・査定）というのも入ってきた。たとえばアメリカなどでは、その地域の居住環境をどう評価するかという評価指標があるが、日本ではあまり評価されていない。こうしたことも今後の研究課題である。

そして現在、日本中の田舎や離島では、空き家をほぼただで若者が借り受けたり、もらい受けたりして、セルフリノベをすることが流行りつつある。これが一時的なブームに終わるのか、あるいは、引き続き一定数の若者の人生の選択肢となりうるのかは、こういう人たちがその後の人生を心豊かに過ごせるかどうかにかかっている。不動産業的には値がつかない物件でも、若者の人生の出発点となるような、そんな、わらしべ長者の始まりの第一歩が、全国のあちらこちらで用意されるという安心感が、将来の定常型社会の基盤の一つになりうるのではないだろうか。安易に、値がつかない田舎の空き家だからといって、空き家のパーセンテージを減らすためだけに壊さないという、大人の判断も必要となるのかもしれない。

（２）回すための建築計画

住宅を回すための仕組みを、不動産の流通システムだけに任せなくてもよいかもしれない。建物の建て方によって、住宅を回すのに都合のよい住宅となることも可能かもしれない。

九段下の東側に俎板橋《まないた》というところがあって、関東大震災の時に町家がすべて焼けてしまったので、共同建て替えをしようということで、当時の東京市が長期低利の融資をして共同建て替えをしたRC三階建ての店舗併用集合住宅が計画された【図6】。平面を見ると一、二階は店舗になっていて、内部階段があって二階が住宅になる。だから平面構成上は一、二階は昔の町家と変わらないが、よく見ると間口が一戸一戸異なっている。こんな不合理な設計はないのだけれど、いまの再開発の権利変換みたいに、いっぺんに全部の土地所有形状を変えずに、地割をほぼそのまま変えずに再開発している点は、災害後の緊急時の建築計画としてあり得るのではないかと思う。

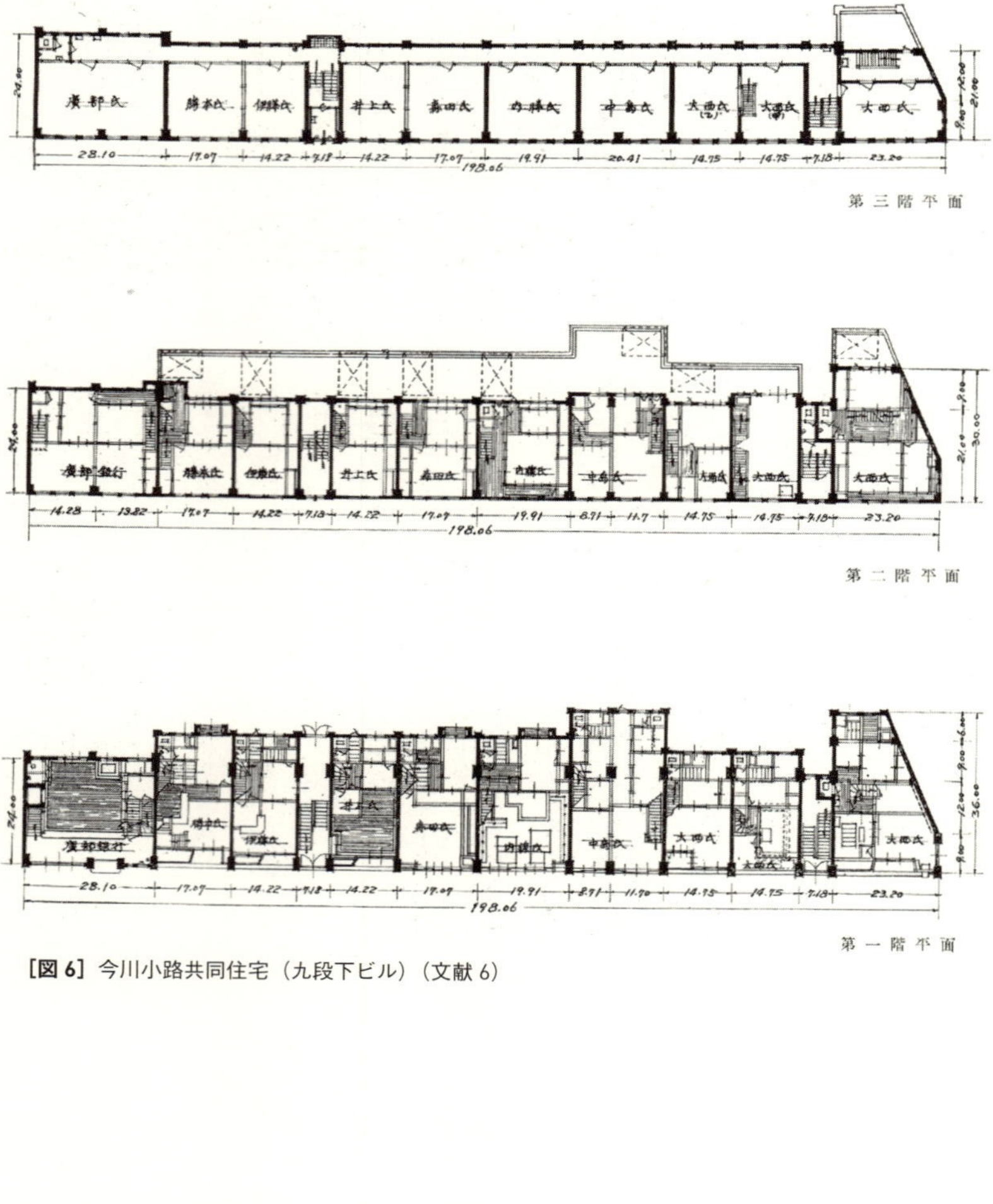

[図6] 今川小路共同住宅（九段下ビル）（文献6）

さらに、この共同建て替えでは、三階に部屋をつくって、北側片廊下と共同階段二か所を設け、外から直接出入りをするようにしている。この三階の部屋を他者に貸し出せば、借金が早く返せるという仕組みである。

これと似たような思考が、韓国の多世帯住宅で、昔のハノック（韓屋）と呼ばれる中庭型の住宅を建て替えるときにたくさん建てられた。多層階の住宅だが、外階段によって各階が接続されているので、大家さんが住む階以外は他者に貸せるようになっている。戸建住宅は内階段が当たり前である日本にこの発想を持ち込めば、エンプティネスター問題の一部はうまく解決できていたかもしれないと思うと、これまでの住宅計画の当たり前を根本的に問い直すやり方で、新たな計画論が構築できるかもしれない。

（3）「プロポに応募する人びとの役に立つ情報提供」から「より良いプロポを仕組むための研究」へ

かつて、建築計画学に対する一般的な批判のあり方として、「設計に役立たない研究だ」という言い方があった。すでに、建築資料集成的な建築計画の基礎的な知見はほぼ出揃っていると思われるが、より高度で複雑性の高い建築計画のニーズとシーズが、なかなかマッチする機会が少なくなっているという面は、大いにあるだろう。ただ、ここで問題になっている「設計に役立つ計画論」ばかりが建築計画の立場ではないのではないかと、最近考えている。

特に、東日本大震災以降、プロポーザルコンペというものが大変流行している。基本的にはいい傾向だと思うが、こうした場面で、設計を発注する人びとの役に立つための、建築計画学的研究の成り立たせ方も、切実に重要なのではないかと考える。小野田泰明がいうようなプログラミスト（文献7）という職能概念は、隈研吾もしばしば建築計画の今後のあり方として述べているが、プロポーザルコンペの要項をつくっていくときに役立つ、建築の設計条件の導き出し方を、エビデンス・ベースのロジックでつくり上げていくという立場も、きわめて重要なような気がしている。

さらに、これからの建築計画は、たとえば、ある地域で地域包括ケアシステムなどを実現するための建築はどのように企画されるべきか、というような、いわゆる建築企画を学としてどう成り立たせていくかというような方向にも、シフトすべき時代に入っているのではないかと思う。

4.「白黒の機能評価」から「グレーの機能評価」へ

近代社会は、自然や世の中の成り立ちを、誰もが認識しやすい方法で分析して、それを再構成することによって、新たな人工的な世界を再構築するという方法論をとってきたといって、まず間違いないだろう。たとえば、コンピュータの世界で利用されている、1と0だけで構築される「ビット」の世界がその代表例である。そのおかげで、二〇世紀から二一世紀にかけて、コンピュータがつなぐ、知識のネットワークが切り開いた領域は途方もなく大きかった。

近代的な住宅供給の考え方（ハウジング）も、この近代化の知的武器である1と0に頼ってきた領域であった。住宅に困っている人を1と考え、困っていない人を0と考える。そして、困っている人の数に標準的住宅建設費用を掛け算して、必要な税金の投入額を決める。こうすれば、議会でいろんな詮索を受けずに、ほぼ自動的に予算が獲得できる。確かに、ある時代は、公的住宅建設に予算を回す手立てとして、この二進法的な技術運用が大変役立った時代があった。おそらく他の行政領域でも、似たようなことが計画の名の下にたくさん行われてきた。しかし、そのような時代ではすでにないいま、いつまでも0と1だけで、世の中を解ったつもりになっている状況に居座り続けることはできないのではないか。それは単に、住宅に困っているかどうかが、単純にイエスやノーだけでは判断できないことを考えてもわかるだろう。

仮にいま、空き家が問題だとしても、空き家であるかどうかを定義することすら困難なのではないか？年に一度、離れ離れになっている家族が揃って正月を祝う以外には使われない田舎の一軒家は、本当に空き家なのか？　近居している親世帯と子ども世帯は、ある時は二つの家族として振る舞っているが、ある時には一つの家族として振る舞っている。このことを住宅の数勘定とどう辻褄を合わせればいいのか？我々は現在「無理に」世の中を「1と0のデジタル世界」として解釈しようとしているのではないか？

このようなことを考えると、すでに、我々の周りで破綻をきたしているようなデジタルな思考は、次世代の量子コンピュータのようなスペックを求めているに違いない。だが、量子コンピュータが普及していない現在、我々が未だ二進法的なコンピュータでしか思考できないように、いますぐ行政に、量子論的行政計画を示せと言っても仕方ないことである。ただ、少なくとも研究の領域では、来たるべき量子論的計画論を論じ始めなければならないのではないかと考えている。

たとえば、食品にはよく「賞味期限と消費期限」があることが話題になる。味は落ちているけれどもまだ食べられる、熱を加えて他の具材として使う分には何とかなるというような食品はざらにあるだろう。だが、消費期限を過ぎれば、なかなか次に使うあてはなくなるのである。このことは、いまの住宅ストックにも大いに当てはまるのではないか。

計画当初、建設当初に想定されていた住宅の使い方は、賞味期限のように過ぎてしまっているので、そのまま住むわけにはいかないが、建物として、空間としての消費期限が過ぎているわけではないので、少し手を加えて役立たせてみよう。こんなやりとりが、近年特に建築業界で増えてきた。まさに、建築の「賞味期限と消費期限」である。

おそらく、これまでの日本のスクラップ・アンド・ビルド型の思考は、「賞味期限＝消費期限」を前提としたものであったろうが、「賞味期限＜消費期限」という図式の思考からは、よりたくさんの建築、空間の使い方が発想されていい。こうなるとすでに、ビルディングタイプというような、デジタル思考の発想すら影を潜めざるをえなくなるだろう。

そうした事例の一つとして、夏山冬里《なつやまふゆさと》とも呼ばれている、冬季居住という現象を現在調査中である。日本の中でも寒く、雪深いエリア、岩手とか秋田とか新潟とかで行われている、高齢者居住の一形態である。山の中の限界集落みたいなところに住んでいる高齢単身者もしくは高齢夫婦が、冬になると雪かきが大変だとか、あまりにも寒くて生活ができないというような事態になった時に、山の中の居住地から山のふもとの里で、自治体がつくった冬季居住用の福祉施設で一時的に暮らすという仕組みのことである。

これは、「アルプスの少女ハイジ」と同様の生活であり、こうした季節限定の居住地を移動しながら暮らすことは古来行われてきたはずである。こうした季節限定居住も、二拠点居住の一種といえよう。さらに、二拠点居住地そのものがすでに、0と1の二進法を超えた、グレーな量子論的現象だともいえる。これに対して、現在よくある論法は、山の中に住むのは、インフラの維持が困難だから、いますぐコンパクト化しなさいというものである。山奥に住んでいる人たちを面倒見るのはお金がかかるから、コンパクトにして、里に引っ越しさせろ、というような論調は年々高まっているし、コンパクト化に逆らっていると、そのうち非国民みたいに言われそうな勢いである。冬場は集団生活となるのでコンパクトに介護を受けやすくなるが、夏になるとまた分散して介護に通うエネルギーが増えてしまうという言い分もあろうが、夏になって、大好きな自然の中で畑仕事を少ししならがら生きていけば、そっちの方が体の調子が良くなって、医療費が減るかもしれない。こうしたグレーゾーンの評価をもう少し考えようという志向性が大事なのではないだろうか。

さらにいうと、日本の集合住宅は現在基本的に、分譲マンションか賃貸アパートかという、二者択一的な選択肢の貧困に直面している。もちろん、定期借地や定期借家、そして、寄宿舎や寮や社宅などといった種類もあろうが、それらは量が限られており、特殊な事例に分類される。しかし、たとえばアメリカの分譲集合住宅では、日本でいう区分所有みたいなコンドミニアムと、組合をつくって利用権利を所有するコーポラティブというのがあって、いずれもどっちがいいというわけではなく、並存している。日本で最初の個人向け民間分譲マンションとして有名な四谷コーポラス（文献9）のコーポラスという

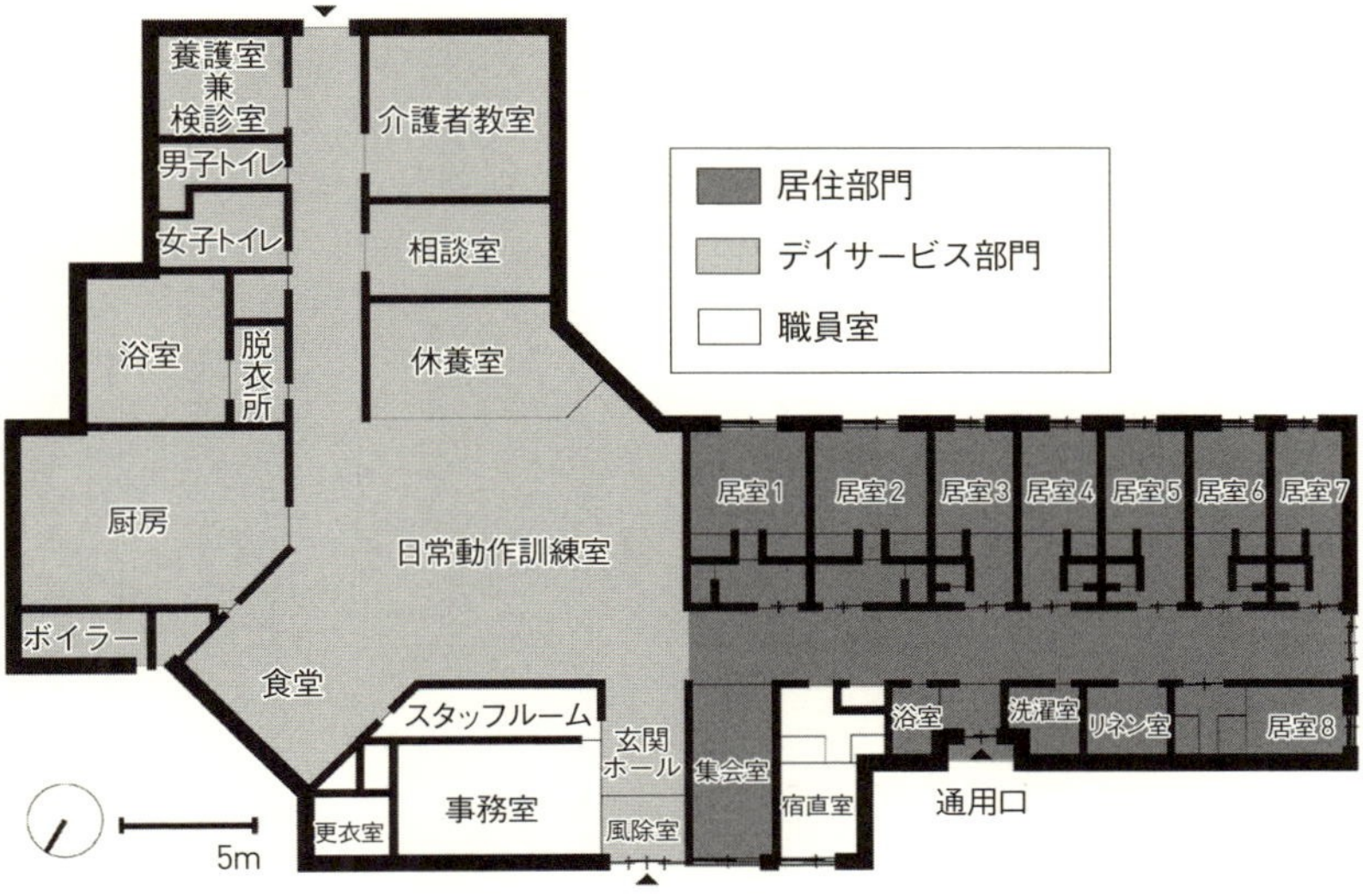

[図 7] 冬季居住施設アンルス（岩手県住田町）（文献 8）

のは、このコーポラティブからきているのだが、結局日本の区分所有法には、アメリカのコンドミニアム型しか規定されなかった。この法律でたまたま、コーポラティブ型の所有形態を入れていないからという理由で、日本では、いまだに分譲マンションか賃貸アパートかという、二者択一的な選択肢しかないということに、文句を言う人はあまりいない。物事の歴史をよく吟味すれば、あったかもしれない未来が見えてくる。このような計画論への歴史的知見の生かし方もまた、グレーな評価か方法を加速させる大いなる手段になるだろう。

【参考文献】

(1) 広井良典『定常型社会——新しい「豊かさ」の構想』岩波新書、二〇〇一年。

(2) Saunders, Doug. *Arrival City: How the Largest Migration in History Is Reshaping Our World*, Windmill, 2010.

(3) 大月敏雄『町を住みこなす——超高齢社会の居場所づくり』岩波新書、二〇一七年。

(4) 中島孝裕『地方都市ニュータウンにおける過去30年の不動産取引情報分析を通した人口減少・高齢化への対応に関する研究』東京大学大学院工学系研究科建築学専攻修士論文、二〇一一年。

(5) 大月敏雄+東京大学建築計画研究室『住宅地のマネジメント』建築資料研究社、二〇一八年。

(6) 建築学会編『東京横浜復興建築図集1923-1930』丸善、一九三一年。

(7) 小野田泰明『プレ・デザインの思想』TOTO出版、二〇一三年。

(8) 久野遼『岩手県住田町の事例から見る冬期居住施設が高齢者の地域居住において果たす役割とそれを支える周辺環境に関する研究』東京大学工学部建築学科卒業論文、二〇一八年。

(9) 志岐祐一、松本真澄、大月敏雄『四谷コーポラス——日本初の民間分譲マンション1956-2017』鹿島出版会、二〇一八年。

第Ⅱ章

20世紀後半の居住システムの崩壊と「後退戦」への臨み方

園田眞理子（明治大学 教授）

1. 非・常識の時代の到来

「住宅研究のフロンティアはどこにあるのか」という問いかけに対して、私たちが二〇世紀後半に常識としてきたことが覆るような事態――超高齢化、人口減少、財政難が進行し、それと同時並行して、不都合な真実ともいうべき事態――住宅の非資産性、空き家の急増、地価の下落が起きていることを、まず指摘したい。いまや、人びとの間に不平等が広がり、中流階級のライフスタイルが崩壊に向かいつつあるともいえる。こうした事態に対して、住宅研究も大きく変わらなければならない。それは、住まいと住まい方を規定するシステムそのもののパラダイムシフトと実践を伴うものでなければならない。

本章では、こうした観点から、「ご当地資本・主義」ともいうべき新たな時代にふさわしいリアルな地域空間、居住空間の再編に関する事例を示しながら、住宅研究のフロンティアが那辺にあるのかを論考してみたい。

2. 三つの真実

現在の日本はきわめて平和である。しかしながら、その水面下で、歴史的にみても劇的といえる大きな

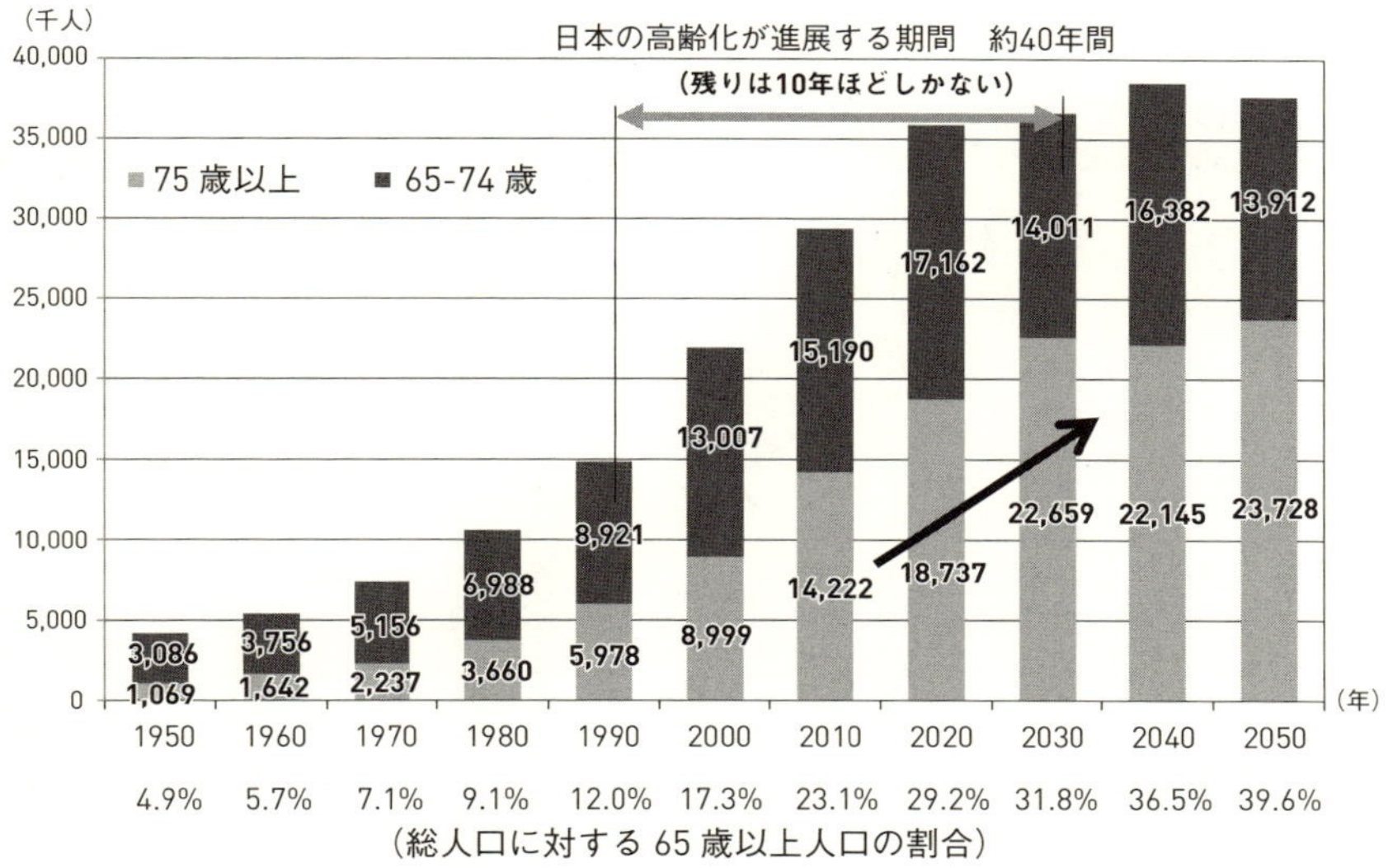

[図 1] 年代別　高齢者人口の推移（資料：総務省）

変化が起きていることは、紛れもない事実である。

一つめの事実は、現下の日本社会が激しい高齢化のプロセスのほぼ最終局面に差し掛かっていることである。わが国で高齢化の問題が社会的な話題になりはじめたのは、一九八〇年代の終わり頃であるが、その当時の日本の高齢化率は一二%程度でOECDの国々の中でも最も若い国であった。しかし、以来四半世紀の時を経て、日本は世界で最も高齢化が進んだ国になっている。二〇一八年九月現在の総人口に対する六五歳以上人口の割合は二八・一%である。この高齢化のプロセスにおいて、いまや注目すべきは六五歳以上高齢者人口ではなく、七五歳以上のいわゆる後期高齢者の人数とその伸びである。なぜなら、老いのプロセスにおいて虚弱化が顕わになるのは後期高齢者になってからだからだ。**図1**にみるように、七五歳以上人口が急激に増えていく変化のプロセスは一九九〇年から二〇三〇年頃まで約四〇年間である。ということは、すでに前半戦は終了しており、残された期間はわずか一〇年強程度しかない。

二つめの事実は、日本においてはすでに人口が減少する局面に入ってしまったことである。二〇一八年とは、日本が近代化のスタートをきった明治元年（一八六八年）からちょうど一五〇年目にあたるが、その間に三三〇〇万人だった人口は、第二次世界大戦直後に七二〇〇万人になり、二〇〇八年前後に一億二八〇〇万人でピークに達したと言われている。しかし、それから一〇年がたち、人口が増える兆しはまったくない。直近では年間三〇万人ずつ人口が減少しており、二〇五〇年には総人口が一億人を下回ることは確実視されている。その原因は少子化である。二〇一七年の合計特殊出生率は一・四三で、東京では一・二四である。この数値は、親の世代に対して子どもの世代の人口は七〇％あるいは六〇％になることを示している。この出生率が二世代続くと、三世代目の人口は一世代目の約半分になってしまう。三世代とはわずか六〇～七〇年程度にすぎず、短期間で劇的に人口が減る可能性がある。

これに対して、日本はこれまでは積極的に移民を受け入れるような政策をまったくとってこなかった。いま子どもを生む可能性のある世代がすでに少子化世代であるから、いまの少子化対策が奏功したとしても、その効果が現れるには三〇年以上かかってしまう。日本は、近代国民国家の仲間入りを果たして以降、ジェットコースターに乗っているように急激に人口を増やしてきたが、今度はそれが反転して、まさに悲鳴をあげるように人口が減少していく。現在の出生率がつづけば、二一〇〇年の人口は一五〇年前とほぼ同じ三〇〇〇万人台になるといわれている。こんな人口変動を経験した国や文明はかつて存在したことがない。

三つめの事実は、財政難である。二〇世紀後半の自民党による長期政権下では、日本の社会保障は「中福祉中負担」をモットーとするといわれてきた。事実そのとおりに、各国の国民負担率（租税負担率＋社会保障負担率）の比較をみると、二〇一五年の日本の国民負担率は四三・四％で、アメリカよりも高く、ヨーロッパの国々よりも低い値である※1。しかしながら、日本はバブル経済崩壊以降、特に一九九〇年代の終わりころから現在にかけて大幅に財政赤字を積み上げてきており、二〇一五年の数値で国民所得比で七・四%の赤字がある。この分を先の国民負担率に加えると実質的な日本の国民負担率は五〇・八%になり、ドイツとほぼ同程度になってしまう。今後はさらに人口の高齢化に伴い、年金・医療・介護等に係る社会保障費を増やしていかざるをえない。いまと同じ社会保障の水準を維持するなら、二〇年後の国民負担率は六〇%を超えると予測している経済学者もいる※2。財政赤字の解消を優先するのか、あるいは社会保障のさらなる充実を求めるのか、いまや私たちは難しい選択を迫られている。

3．さらなる三つの不都合な真実

三つの真実に加えて、「不都合な真実」ともいうべき、あまり知りたくないような三つの事態にもまた私たちは直面している。

一つめの不都合な真実とは、住宅に対して、一九四五年以降七〇年間以上にわたって営々と投資されてきたにもかかわらず、それらが資産になりえていないことである。**図2**は、国土交通省が発表しているデー

※1　財務省が毎年「租税負担率と社会保障負担率を合計した国民負担率」を公表しており、それに際して国際比較も行っている。
※2　鈴木亘氏（学習院大学教授）による。

タであるが、**図2-2**はアメリカ、**図2-1**は日本について、折れ線グラフはその年までの住宅に対する累積投資額、棒グラフはその年における住宅の資産額を示したものである。アメリカは、住宅への累積投資額に対して、近年では資産額の方が上回っているのに対して、日本は両者の間に五〇〇兆円ものギャップがある。残念ながら、日本の住宅への投資は資産になってはいないという歴然たる事実が示されている。その要因は建築物が耐久消費財として扱われているからである。税法上、木造住宅は二二年、RC住宅でも四七年で減価償却され、築年の古い建物の資産価値はなしとする市場になっていることの結果である。住宅の質が向上し、長期優良住宅認定制度※3を推進する住宅政策を推進しながら、いまなおその市場構造を変えることができずにいる。

二つめの不都合な真実は、空き家の急増である。二〇一三年の住宅・土地統計調査の結果では、全住宅の一三・五%、八二〇万戸が空き家という結果になっている。この八二〇万戸という数字は、日本全体の既

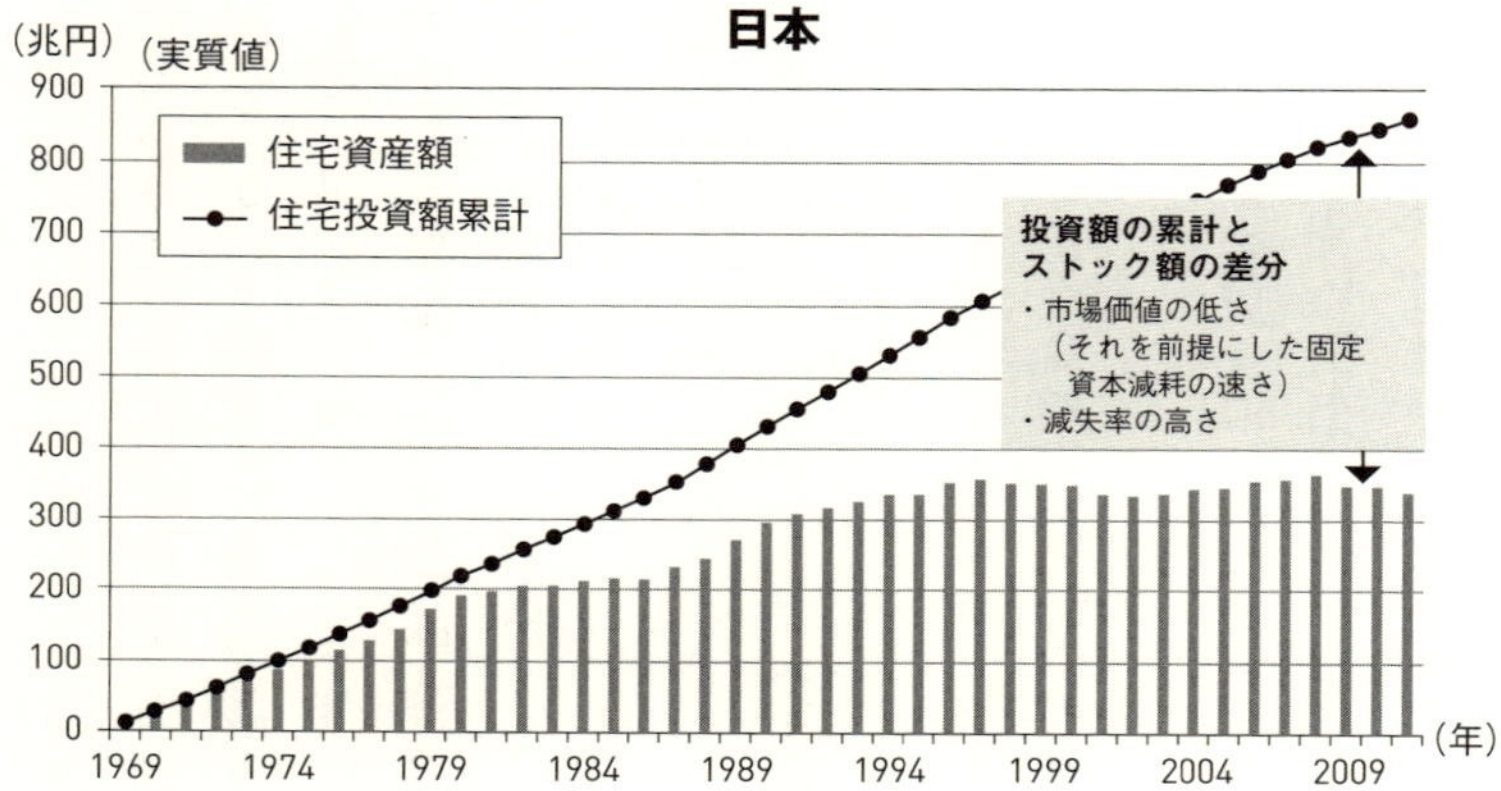

(資料) 国民経済計算(内閣府)
※野村資本市場研究所の「我が国の本格的なリバース・モーゲージの普及に向けて」を参考に作成
※住宅資産額の2000年以前のデータは、平成17年基準をもとに推計

[図2-1] 日米の年別住宅投資額累計と住宅資産額の推移(資料:国土交通省)

存住宅のうち、九州九県に沖縄県を加えた全住宅が〝空っぽ〟だという事態である。空き家の半数以上を占めるのは賃貸用の空き室・空き家であるが、そのうち一三七万戸は耐震性があり最寄り駅から一km以内だといわれている。また、近年急増しているのが「その他の空き家」と分類される、おそらくその多くは元は持ち家であったものの空き家である。所有者の加齢による退去や死亡後に相続した者が住まずに、そのまま放置されているのに近い状況のものが相当数ある。所有者は、その住宅を賃貸して活用することなど考えたこともなく、売却しようとしても資産デフレで期待した値段もつかないことがその状況に一層拍車をかけている。二〇一八年一〇月には新たな住宅・土地統計調査が実施されたが、どのくらいの数の空き家数が出てくるのか、固唾をのんで見守るしかない。

三つめの不都合な真実は、以上の結果ともいえるが、

※3 「長期優良住宅の普及の促進に関する法律」（二〇〇八年）に基づき、長期にわたり良好な状態で使用するための構造および設備に講じられた優良な住宅を普及させるための制度。

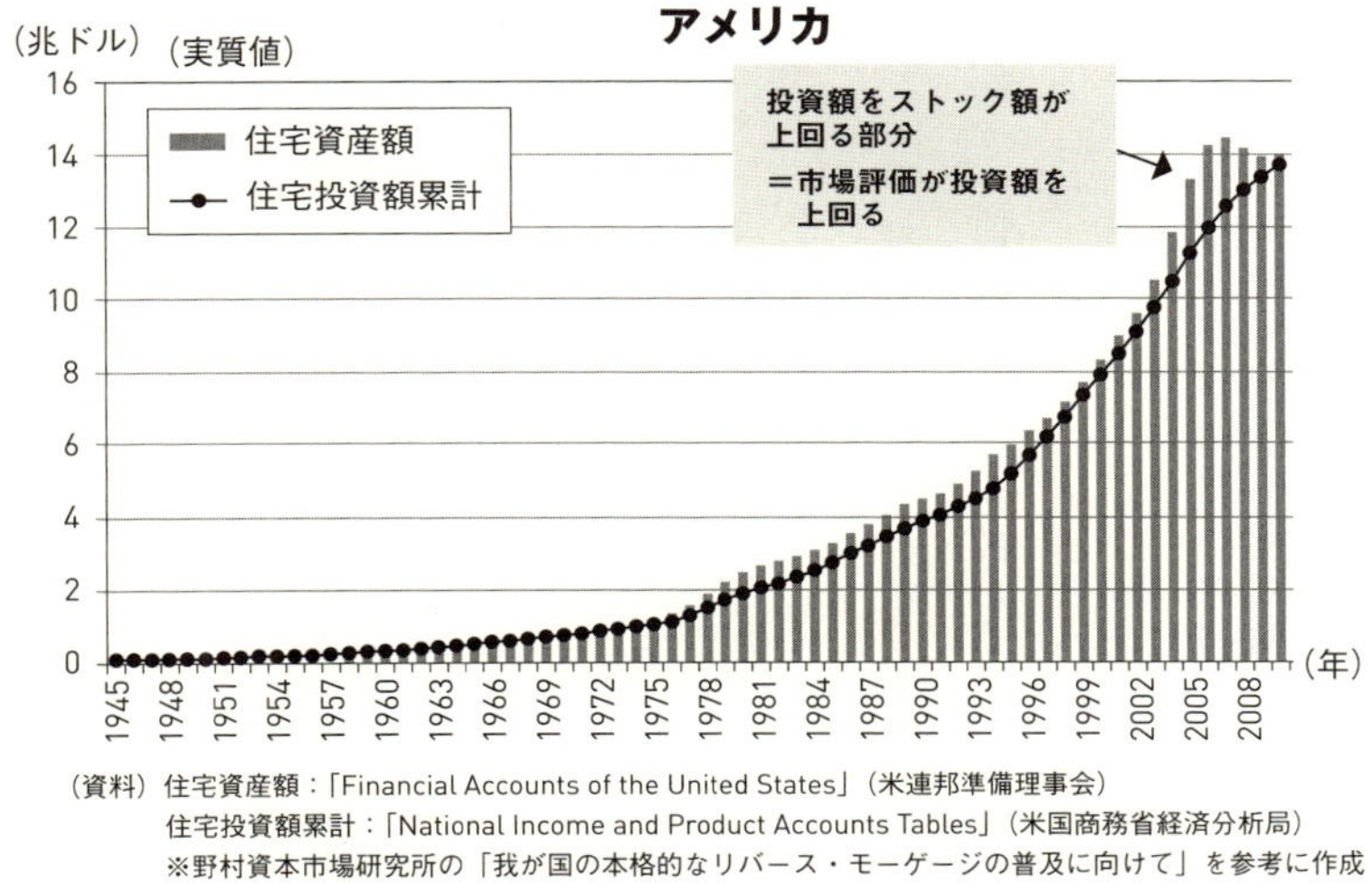

（資料）住宅資産額：「Financial Accounts of the United States」（米連邦準備理事会）
住宅投資額累計：「National Income and Product Accounts Tables」（米国商務省経済分析局）
※野村資本市場研究所の「我が国の本格的なリバース・モーゲージの普及に向けて」を参考に作成

[図 2-2] 日米の年別住宅投資額累計と住宅資産額の推移（資料：国土交通省）

地価の下落である。二〇一三年からのアベノミクスによる大幅な金融緩和により、都心の一部では局地バブル的な不動産価格の高騰が顕著である。しかしながら都心から離れたところでは土地価格の長期低落傾向に歯止めをかけるのは難しく、多くの人が資産デフレに直面せざるをえないという不都合な真実が進行中である。東京都財務局の資料※4によれば、たとえば東京郊外の多摩地域における住宅用途の現在の公示地価額は、三五年前の一九八〇年代初頭の水準にまで戻っている。住宅投資の累積額と資産評価額のギャップの主要な要因は、経年した建築物に評価がつかないことであるが、それに加えて唯一といってよい資産価値の要である土地価格が長期に低迷したままである。この事実は、土地価格が現在価格よりも高い時に家を取得した人は、キャピタルロスになっていることを意味する。特に、大都市郊外部に長い老後期を迎える人が数多く居住していることを考えると、これもまたきわめて不都合な真実である。

4．新しい国家戦略

社会の根幹を揺るがすような大変化と、それにより既存の枠組みや価値観が大きく揺らぐ中、日本の国民国家としての大きな政策転換が近年相次いでいる。

（1）都市分野——改正都市再生特別措置法（二〇一四年）

都市分野においては、二〇一四年八月に都市再生特別措置法が改正され、これまで拡大一辺倒できた都市域を縮小する方向に大きく舵をきった。人口が増え、都市に人口が集中する時代にあっては、都市域は拡大せざるをえなかった。都市計画の目的は、その拡大しようとする都市域をどのようにコントロールするかであった。各自治体は市街化区域と市街化調整区域の線引きを行い、市街化区域の中はさらに用途地域に色分けして、土地利用をコントロールし、都市計画マスタープラン等で都市域の計画・管理を行ってきた。

これに対して、今般の都市再生特別措置法の改正では、「立地適正化計画[※5]」として"Compact Plus Network"の考え方のもと、居住誘導区域として居住する範囲を限定し、さらに都市機能を商業・業務用途のみならず、福祉・医療拠点を核にして再編するための計画を立案してよいことになった。それに際しては、バスやデマンドタクシー等の地域の公共交通の再編も含まれている。当面はこうした都市域の限定・再編に向けた事業に対して、各種の補助が行われている。

二〇一八年八月末現在、全国で四二〇都市が立地適正化計画についての具体的な取り組みを行っており、そのうち一七七都市はすでに計画を作成し、公表している。日本の近代一五〇年の都市拡大の歴史が、縮小に向けて大きく動いている。

(2) 住宅分野――住生活基本計画の見直し(二〇一六年)

住宅分野では、一九六六年から二〇〇五年までの四〇年間にわたって続いた住宅戸数を増やすことを第

※4 東京都財務局は毎年地域別用途別の地価公示価格の平均価格の推移を公表している。

※5 立地適正化計画は、居住機能や医療・福祉・商業、公共交通等のさまざまな都市機能の誘導により、都市全域を見渡したマスタープランであり、市町村マスタープランを高度化したものと位置づけられている。

一義の目的とした住宅建設計画法に代わって、二〇〇六年から住生活基本計画法にもとづく住生活基本計画が展開されている。住生活基本計画は一〇年を一期として五年ごとに見直すことになっているが、二〇一六年からの第二期に照準をあわせて大改革が行われた【図3】。その中心をなすのは「住宅ストック」の活用である。

そもそも、第二次世界大戦後の日本の住宅政策は、四二〇万戸の住宅不足、四世帯に一世帯には住む家がないという状況からひたすら住宅の数を増やすために新築することに傾注してきたが、いまや全住宅数の一三・五％、八二〇万戸もの空き家が存在する。ここでも、二〇世紀後半の常識とはまったく真逆のことが起きている。そして、ようやく住宅政策の前提が覆っていることを正面にとらえた諸施策が動き出そうとしている。あり余る住宅ストックを活用するために、「住宅すごろくを超える新たな住宅循環システムの構築」「建て替えやリフォームによる安全で質の高い住宅ストックへの更新」「急増する空き家の活用・除却の推進」が眼目になっている。

またそれと同時に、居住者に着目した視点では、「結婚・出産を希望する若年世帯・子育て世帯が安心して暮らせる住生活の実現」「居住者が自立して暮らせることができる住生活の実現」「住宅の確保に特に配慮を要する者の居住の安定確保」が目標として掲げられている。二一世紀前半のいま、出生率の低下により人口回復の兆しはなく、もうしばらくすると世帯数も減少に転じる※6。それへの歯止めとして、若年世帯の結婚・出産を応援しようという目標であるが、どのような結果になるであろうか。それよりも当面は、単身世帯、なかでも経済的に困窮したり、高齢、障害、疾病等により孤立しがちな者への対策が急務になる。

※6　二〇一八年の国立社会保障・人口問題研究所の推計によれば、日本の総世帯数は二〇二三年に五四一九万世帯でピークを迎えるとされている。

成果指標一覧

（☆）は新規

居住者からの視点

目標1　結婚・出産を希望する若年世帯・子育て世帯が安心して暮らせる住生活の実現

①子育て世帯※における誘導居住面積水準達成率
【全国】42%（H25）→ 50%（H37）
【大都市圏】37%（H25）→ 50%（H37）
※構成員に18歳未満の者が含まれる世帯

目標2　高齢者が自立して暮らすことができる住生活の実現

②高齢者人口に対する高齢者向け住宅の割合
2.1%（H26）→4%（H37）

③（☆）高齢者生活支援施設を併設するサービス付き高齢者向け住宅の割合
77%（H26）→ 90%（H37）

④（☆）都市再生機構団地（大都市圏のおおむね1,000戸以上の団地約200団地が対象）の地域の医療福祉拠点化
0団地（H27）→ 150団地程度（H37）

⑤建替え等が行われる公的賃貸住宅団地（100戸以上）における、高齢者世帯、障害者世帯、子育て世帯の支援に資する施設の併設率
平成28～37の期間内に建替え等が行われる団地のおおむね9割

⑥高齢者の居住する住宅の一定のバリアフリー化率
41%（H25）→ 75%（H37）

目標3　住宅の確保に特に配慮を要する者の居住の安定の確保

⑦最低居住面積水準未満率
4.2%（H25）→ 早期に解消

●（再掲）都市再生機構団地（大都市圏のおおむね1,000戸以上の団地約200団地が対象）の地域の医療福祉拠点化

●（再掲）建替え等が行われる公的賃貸住宅団地（100戸以上）における、高齢者世帯、障害者世帯、子育て世帯の支援に資する施設の併設率

住宅ストックからの視点

目標4　住宅すごろくを超える新たな住宅循環システムの構築

⑧既存住宅流通の市場規模
4兆円（H25）→ 8兆円（H37）

⑨（☆）既存住宅流通量に占める既存住宅売買瑕疵保険に加入した住宅の割合
5%（H26）→ 20%（H37）

⑩新築住宅における認定長期優良住宅の割合
11.3%（H26）→ 20%（H37）

目標5　建替えやリフォームによる安全で質の高い住宅ストックへの更新

⑪耐震基準（昭和56年基準）が求める耐震性を有しない住宅ストックの比率
18%（H25）
→ おおむね解消（H37）

⑫リフォームの市場規模
7兆円（H25）→ 12兆円（H37）

⑬省エネ基準を充たす住宅ストックの割合
6%（H25）→ 20%（H37）

⑭（☆）マンションの建替え等の件数（S50からの累計）
約250件（H26）→ 約500件（H37）

⑮25年以上の長期修繕計画に基づく修繕積立金額を設定している分譲マンションの管理組合の割合
46%（H25）→ 70%（H37）

目標6　急増する空き家の活用・除却の推進

⑯（☆）空家等対策計画を策定した市区町村数の全市区町村数に対する割合
0割（H26）→ おおむね8割（H37）

⑰（☆）賃貸・売却用等以外の「その他空き家」数
318万戸（H25）
→ 400万戸程度におさえる（H37）

産業・地域からの視点

目標7　強い経済の実現に貢献する住生活産業の成長

●（再掲）既存住宅流通の市場規模
●（再掲）リフォームの市場規模

目標8　住宅地の魅力の維持・向上

⑱地震時等に著しく危険な密集市街地の面積
約4,450ha（速報）（H27）
→ おおむね解消（H32）

●（再掲）都市再生機構団地（大都市圏のおおむね1,000戸以上の団地約200団地が対象）の地域の医療福祉拠点化

●（再掲）建替え等が行われる公的賃貸住宅団地（100戸以上）における、高齢者世帯、障害者世帯、子育て世帯の支援に資する施設の併設率

●（参考）景観計画に基づき取組を進める地域の数（市区町村数）
458団体（H26）
→ 約700団体（H32）

●（参考）市街地等の幹線道路の無電柱化率
16%（H26）→ 20%（H32）

●（参考）最大クラスの洪水・内水・津波・高潮に対応したハザードマップを作成・公表し、住民の防災意識向上につながる訓練（机上訓練、情報伝達訓練等）を実施した市区町村の割合
【洪水】—（H26）→ 100%（H32）
【内水】—（H26）→ 100%（H32）
【津波】0%（H26）→ 100%（H32）
【高潮】—（H26）→ 100%（H32）

●（参考）土砂災害ハザードマップを作成・公表し、地域防災計画に土砂災害の防災訓練に関する記載のある市町村の割合
約33%（H26）→ 約100%（H32）

●（参考）国管理河川におけるタイムラインの策定数
148市区町村（H26）
→ 730市区町村（H32）

［図 3］ 新たな住生活基本計画（2016 年～ 2025 年）の概要（資料：国土交通省）

二〇世紀後半の住宅政策は、暗黙裏に二人以上の世帯を前提にしてきたが、日本で最も数の多い世帯型は単身世帯である。居住者の重心がどこにあるのか見誤ってはいけない。

(3) 医療・介護・福祉分野——医療介護総合確保推進法（二〇一四年）

二一世紀前半の日本は、高齢者が中心をなす社会である。日本の高齢化率がすでに三割に迫っていることは先に述べた通りであるが、特にこれからはより年齢の高い虚弱化した高齢者への対応が迫られる。それに備えるために、二〇一四年に「医療介護総合確保推進法」として、一九もの関連法案を一挙に改正するという力技によって、今後の医療・介護に関する抜本的な改革が行われた。この改革の中核をなすコンセプトは「地域包括ケアシステム」である【図4】。

地域包括ケアシステムとは、高齢者はできる限り自分の住まいに住み続け、地域のボランティアや非営利的な活動を行う地域組織の支援を受けて、安心して生活することを実現しようという取り組みである。元の家から転居することがあっても、なるべく同一地域内のサービス付きの高齢者向け住宅や居住施設に転居することが望ましいとされている。必要にして十分な医療・介護・福祉その他の支援やサービスと高齢者の居住場所を結び付けて、安心して老いることのできる環境を各地域で実現しようとしている。

ところで、ここでいう地域とは「日常生活圏域」と定義されているが、厚生労働省はその範囲をどのように設定するかは各自治体の判断に委ねるとしている。ただし、何かあった時に概ね三〇分以内に必要なサービスが届けられる区域、一中学校区程度との目安は示されている。すなわち、地域包括ケアシステムには、日常生活圏域という空間的な広がりの中で問題を解くという〝空間計画〟の側面がある。

地域包括ケアシステムでは、医療は、入院は治療の必要な短期間とし、訪問医療や訪問看護に重点を移すことが明示されている。また、特別養護老人ホーム等の施設福祉による部分は、要介護のきわめて重い人だけに限る※7ことも盛り込まれている。

地域包括ケアシステムとは、地域のさまざまな有形・無形の資源やサービス、人材等を駆使して、住み慣れた地域で安心して老いることのできる環境を整えることを構想している。地域に内包されている関係力を十二分に活かすことによって、高齢者本人やその周囲の人びとにとってより高質な生活環境が保障されるとの考え方がその根底にある。特に最近では、こうした考え方を高齢者だけでなく、障害者や低所得の生活困窮者、シングルマザーの家庭等も包摂して広げていくことが構想されており、「わ

※7 二〇一五年以降、特別養護老人ホーム等の施設サービスの対象は要介護3以上の重度者に限定されている。

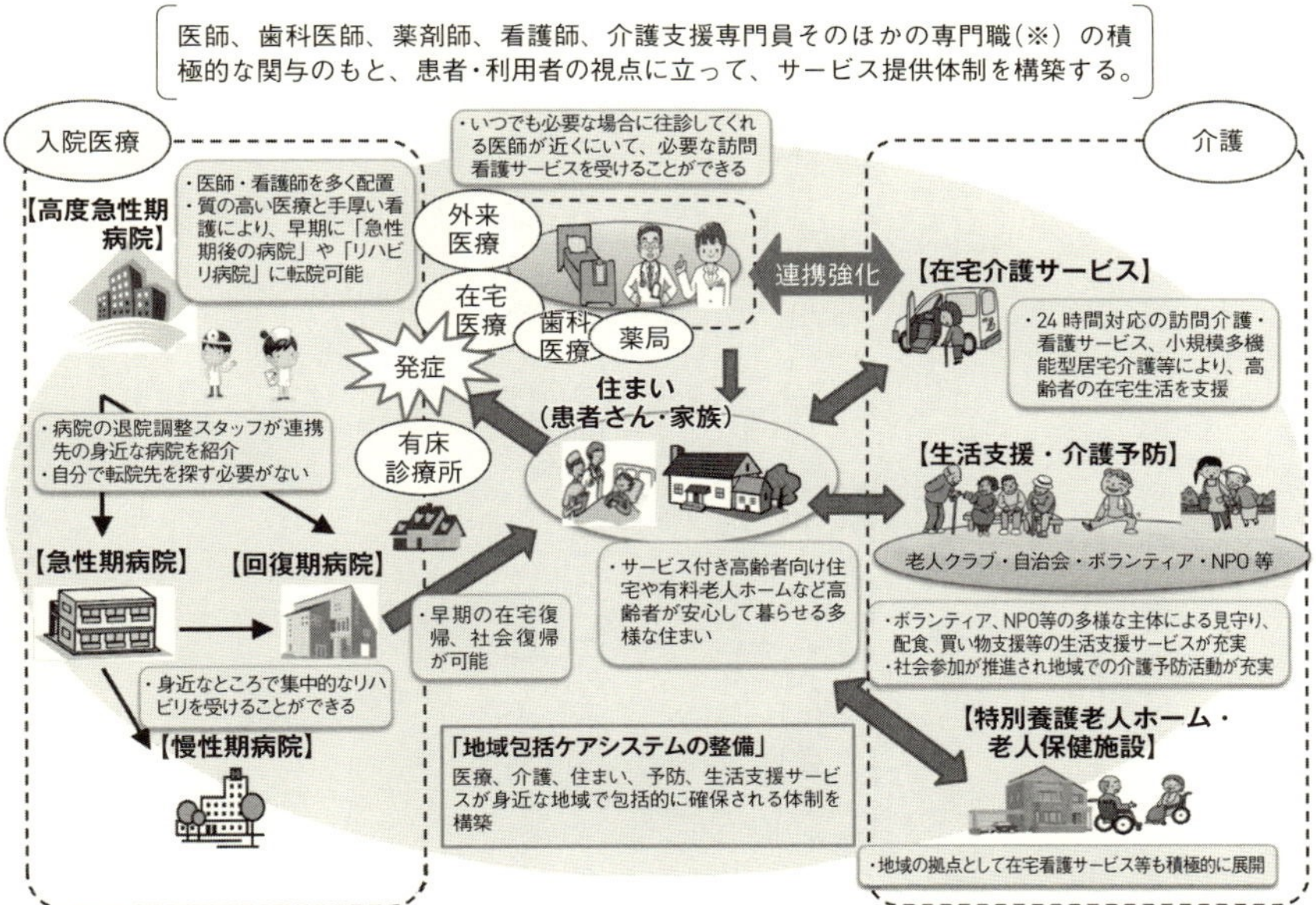

※保健師、助産師、診療放射線技師、臨床検査技師、理学療法士、作業療法士、視能訓練士、臨床工学技士、義肢装具士、救急救命士、言語聴覚士、歯科衛生士、歯科技工士、あん摩マーッサージ指圧師、はり師、きゅう師、柔道整復師、栄養士、社会福祉士、介護福祉士等

[図4] 医療・介護サービスの提供体制改革後の姿（資料：厚生労働省）

がこと丸ごと、地域共生社会の実現」として、誰もが安心して地域で暮らせる福祉的な環境を整える動きが本格化している。

5. 不平等と中流のライフスタイルの崩壊

社会の根幹を揺るがすような大きな変動の中で、ごく普通に家に住み、ごく普通の生活を営んできた一般的な庶民の生活はどのようになるのだろうか。そのことを捉えた、世界の賢人たちからのいくつかのコメントを紹介してみたい。

一つめは、ダボス会議からである。毎年一月になるとスイス東部の保養地であるダボスで、世界中からその時々を代表する政治家や実業家、学者等が一堂に会して、世界経済フォーラムが開催されている。その主宰者であるクラウス・シュワブによる『第四次産業革命――ダボス会議が予測する未来』（文献1）によれば、いま、「中流のステータスとなっていた四つの伝統的属性――教育、健康、年金、持家が悪化している」。

一九四五年から一九九〇年までの間、世界は東西冷戦構造の中で自由・資本主義側と社会・共産主義側に分かれて互いを競ってきたが、それゆえにお互いの国民の社会的厚生を高めることは必須条件であった。その厚生の程度を示す四大要素が、教育・健康・年金・持ち家である。

そのうち、持ち家は、特に二〇世紀後半の自由主義の国々において中流層の形成と不可分の関係にあった。

自由・資本主義国家が、二〇世紀後半に国民の預貯金や保険料を国民の資産形成に投融資するシステムにより、国民を小さくても土地と建物を有するミニ資産家とすることによって分厚い中流層を築いた。そのことが、ベルリンの壁崩壊やソビエト崩壊に象徴される共産主義の崩壊に多少とも影響したのかもしれない。しかし、一九九〇年代以降のグローバル化の進展、人・もの・お金・情報の流動化により、いまや持ち家は金融商品のための投機の対象となったり※8、局地的に大量に住宅が不足したり過剰になったりして※9、むしろ社会を不安定化する要因にさえなりつつある。人びとが持ち家を取得することが自由・資本主義であるがゆえに、むしろ困難になっているともいえる。

年金は、人びとの「長寿化」と、「運用」という経済の不確実性が制度自体に内包されているがゆえに、給付開始年齢の引き上げや支給額の低下等の不安を撒き散らしている。健康は、先進国では国民皆保険制度や税により国民が相互扶助する仕組みを構築し、乳幼児死亡率の大幅な低下と寿命の延伸に寄与してきた。しかし、これも人びとの「長寿化」と医療費の高騰による「健康格差」により不安定化している。教育は、どこでどのように生まれてきた人も、平等に人生のスタートを切るための機会均等の基盤であるが、これも親の経済格差が子どもの教育格差に直結し、貧困が再生産されている。いまや、あのダボス会議が警鐘を鳴らすほど、世界的に先進国の中流層、中間層の安定が揺らいでいる。

一方、国内の、いまや思想家といってよい内田樹の見解では、「日本ははっきり末期的局面にある。こ

※8　二〇〇八年の世界金融危機のトリガーになったのは、サブプライムローンという低所得者向けの住宅融資に纏わる金融商品のクラッシュである。住宅融資の焦げ付きが金融商品によって世界中に伝播し、著しいクレジットクランチをもたらした。

※9　ヨーロッパ、アメリカでは移民・難民や産業構造の変化に伴う都市部への人口集中により大都市の住宅不足が顕著な一方、旧東欧圏やアメリカ中西部では産業の衰退等により大量の空き家が発生するなど、住宅の需給関係の不均衡が各地で顕在化している。

れから急激な人口減を迎え、生産年齢人口が激減し、経済活動は活気を失い、国際社会におけるプレゼンスも衰える。日本はこれから長期にわたる「後退戦」を戦わなければならない」（文献2）局面にさしかかっている。その後退戦のための要諦は、「ひとりも脱落させず、仲間を守り、手持ちの有限の資源をできるだけ温存して、次世代に手渡すこと」（文献2）である。私たちはこの戦い方を肝に命ずる必要があるだろう。

あるいは、アメリカの未来学者レイ・カーツワイルが言うように、あらゆるテクノロジーが指数関数的に発展して二〇四五年頃に、「汎用人工知能が人類史上はじめて人類よりも賢くなる」（文献3）かもしれない。カーツワイルのいうシンギュラリティ（Singularity）の到来である。そうなると、人間の存在意義そのものが革新的に変化する。もはや人間はあくせく働く必要がなくなる。そして、むしろそう考えることで、生きがいのある新たな暮らし方に到達できるとする説も提出されている。オランダ人の若き歴史家でありジャーナリストでもあるルトガー・ブレグマンは、「ベーシックインカムという基本的な生活に必要な財やお金をあまねく配布することにより、一日3時間、一週間15時間労働の時代がやってくる」（文献4）といっている。働くことは生きがいのためであり、もはや苦役ではなくなるかもしれない。

6．住宅研究のフロンティア――「システムのパラダイムシフト」と「実践」

では、結局のところ、住宅研究のフロンティアはどこにあるのか。

いままで述べてきたように、私たちの社会の枠組みを根底から覆すような大変化の真っ只中にいまあるのだとしたら、住宅研究のあり方も当然に変わらなければならない。しかも、住宅研究とは、常に人間社会との関係性において成り立つ社会科学であり実学である以上、椅子に座って考える思考だけではなく、多くの実践がいる。

私自身が考える住宅・住環境、居住に関する新たなパラダイムを、あえて一つの言葉で示すなら、それは「ご当地資本・主義」である。人の住まいと住まい方が立脚するその場所にあるあらゆる資本を使い尽くして、より高次の住まいと住まい方を実現することである。そのためには、表面的な目に見える課題だけでなく、その場所の、そこの人びとの暮らしの深層に存在する「人口・世帯の減少」「産業構造の転換」「エネルギー転換」というそれぞれ大問題を串刺しにした統合的、包括的な解答の提出が求められる。住宅研究のフロンティアとは、当然そこにある**【図5】**。

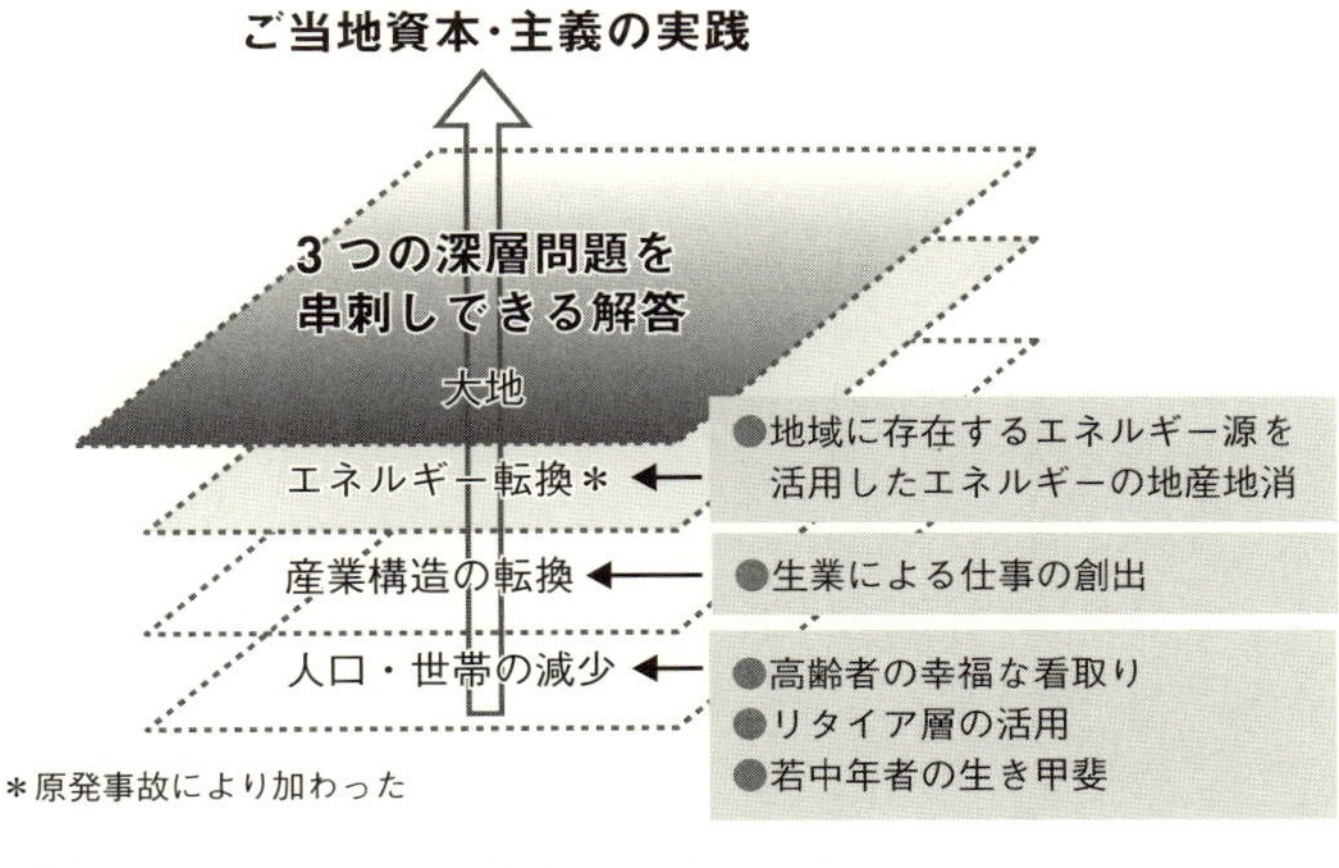

［図5］「住まいと住まい方」の現状からの脱却の構図

7．「ご当地資本・主義」の三つの事例

「ご当地資本・主義」というまだよくわからない概念を提出したが、少なくとも私がそうだと思って実践してきた三つの実例を紹介してみたい。これらの事例では、地域の大小さまざまな空間を新しい時代にふさわしいように再編することを目指して、従来の市場化された経済、もしくは公共が主導的に行うような経済システムだけに頼るのではなく、その地の潜在的な資本力を十二分に掘り起こして顕在化させ、そうした非貨幣的な資本力を活かすことに傾注している。それはいまの時代的にいえば、〝シェアリング・エコノミー〟によるリアルな地域空間、居住空間の再編である。

シェアリング・エコノミーとは、総務省の定義※10によれば、「典型的には個人が保有する遊休資産（スキルのような無形のものも含む）の貸出しを仲介するサービスであり、貸主は遊休資産の活用による収入、借主は所有することなく利用ができるというメリットがある。貸し借りが成立するためには信頼関係の担保が必要であるが、そのためにソーシャルメディアの特性である情報交換に基づく緩やかなコミュニティの機能を活用することができる。」とされている。ご当地資本・主義を成立させるシステムは、ほぼそれと同じであるが、唯一異なるのは、貸し借りを成立させるための信頼関係を、同じその地域に住むという運命共同体的であるリアルな関係によって担保しようという点である。そこの地で、○歳から一〇〇歳以上までがどのような事態に直面しても安心して安定的に居住できるような環境を整えることをめざす。

（1）村の総力戦としての「助け合い・いたわりあいプロジェクト」

一つめの事例は、いわゆる限界集落での総力戦ともいうべきプロジェクトである。日本一面積の広い村で、外界とは隔絶された感のある奈良県十津川村での、助け合い・いたわりあいプロジェクト「高森のいえ」を紹介したい。

十津川村は、東日本大震災が起きた同じ年の九月に紀伊大水害に見舞われ、全村孤立、深層崩壊により甚大な被害を受けた。その復興のプロセスで浮上した最大の課題は、村を支えてきた現高齢者が最後まで安心して村で生活し続けることができ、そして未来を担う若い世代に働く場があり、安心して子育て等ができる環境を実現することである。

村の人口は三五〇〇人程度であるが、高齢化率はすでに四〇%を超えている。村のほとんどの人は持ち家に住んでいるが、大きな家でのひとり暮らし、あるいは老夫婦だけ、九〇歳の母親と七〇歳の娘が二人だけで住んでいたりする。そこで、高齢者だけで生活するには不安がある人たちのために、村もしくは各集落の中心部に〝もう一つのいえ〟を設け、気軽に移り住んだり、あるいは元の家と行ったり来たりする**【図6】**。そういう生活イメージを具現化したものとして、「高森のいえ」が二〇一七年三月に開設された。

「高森のいえ」は、高齢者のための住まい、子育て世帯のための住まい、そして、地域の人びとの集いの場になる地域交流センターで構成されている。隣接敷地には、村唯一の特別養護老人ホームが立地している。ここは、誰もが安心して生活できる村の「安心拠点」である。子育て世帯は、それとなく高齢者の見守りや簡単な相談にのり、何かあれば、そこに居る人同士で、それを取り巻く人たちが助けあって対処する。

※10　総務省二〇一五年版情報通信白書より。

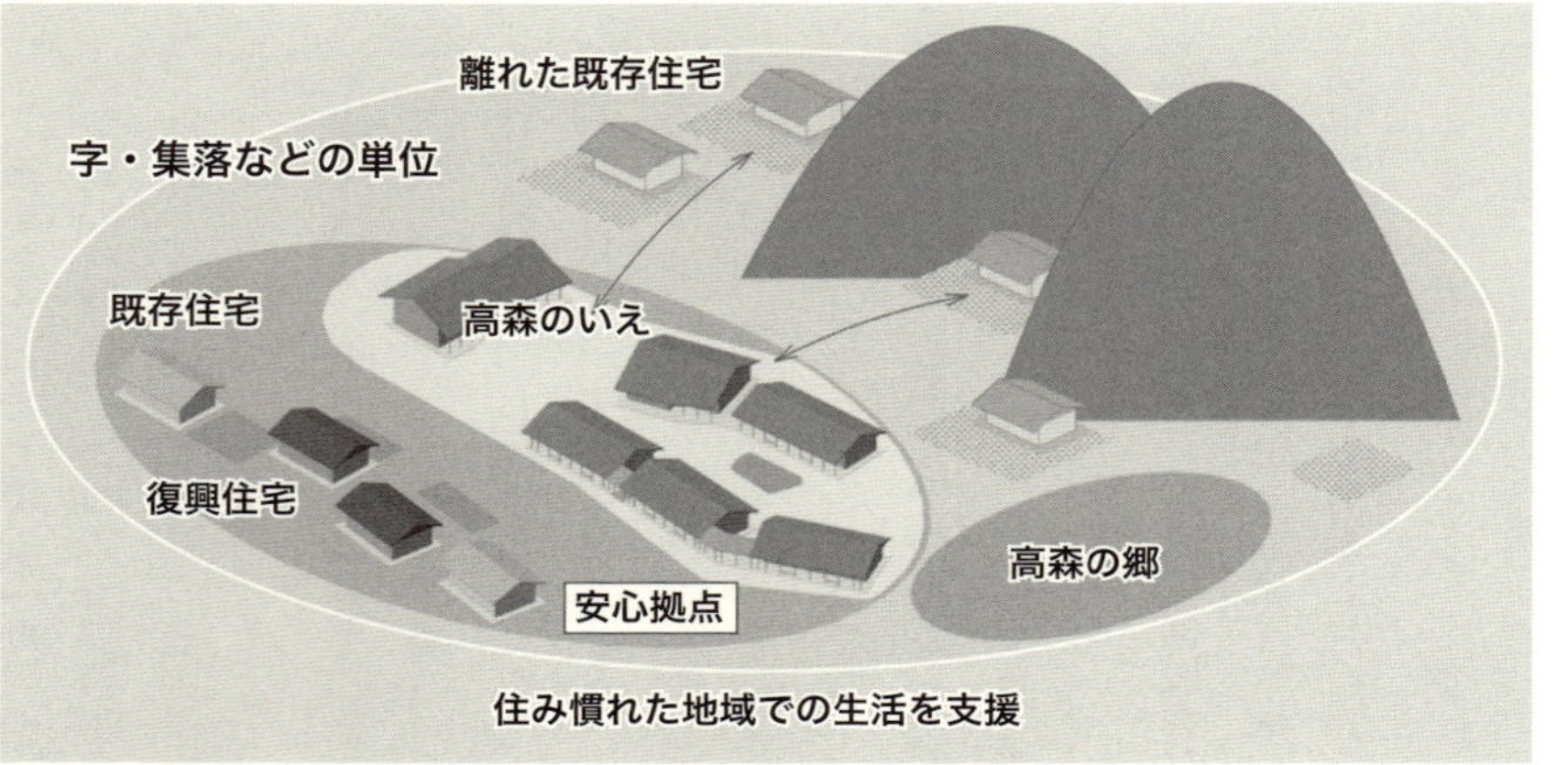

[図6] 「高森のいえ」プロジェクトの基本スキーム（資料提供：十津川村）

今回のプロジェクトは復興資金が使えたため、ある種の理想形として新築したが、このスキームを空き家や空き建物を活用して村の要所に横展開していくことを目指している **[図7]**。

(2) 地域善隣事業

二つめの事例は、「地域善隣事業」である。

二〇一一年一一月、大都市東京のどまんなかの新宿・大久保でアパート火災が起き、五人が死亡した事故があった。亡くなった人の多くは生活保護を受けており、身元の確認も容易ではなかったという。いま、こうした事故があちこちで起きている。何も手立てはないのだろうか。

方策はある。しかも、それは意外なくらい簡単である。いま、日本中、新宿・大久保にも多くの空き室、空き家、空きビルが存在している。その空き家・空き室を放置したままの家主と、生活支援や介護等の経験や人材を有する福祉関係者が相互に手を結ぶだけで、問題は解決に向かう **[図8]**。多くの人びとが適正な住まいを確保出来ずにいる一方で、同じ地域に多くの空き室、空き家が放置されている

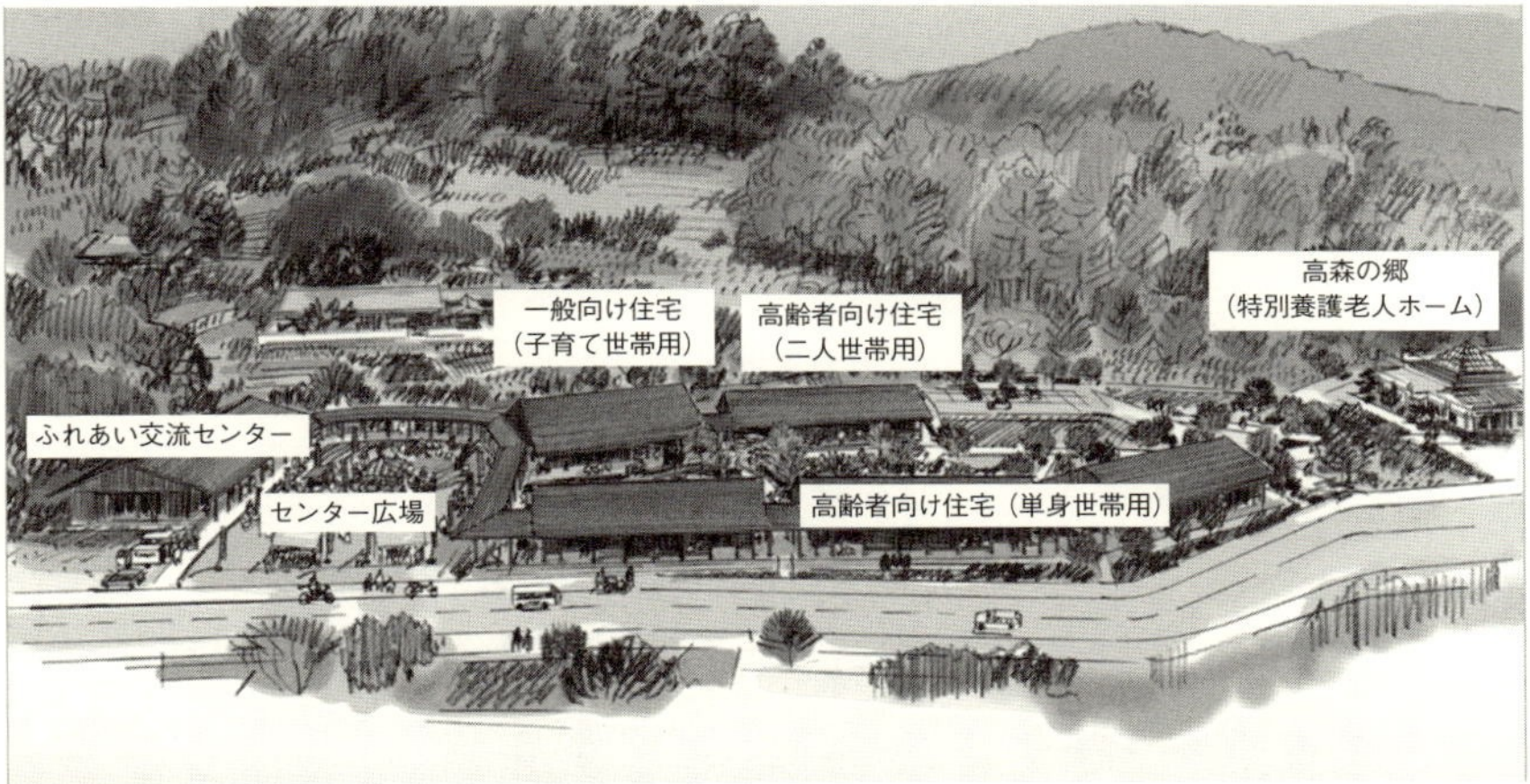

[図 7] 「高森のいえ」の完成図（資料提供：十津川村）

る。

事態は、お金ではなく〝知恵〟が足りないことを示してい

　地域善隣事業とは、地域に遊休化している空き家・空き室を家主が提供し、住まいや暮らしに困窮する人に対して支援することを使命とし、そのためのノウハウを有する団体や個人が手を結んで、適正な住まいの確保と、それ以降の生活再建、生活維持を支援する事業に対してつけたニックネームである。

「善隣」という言葉が日本に誕生したのは、一九二〇年代の後半から三〇年代にかけてである。おそらくは、英語の〝good neighbor〟の日本語訳であろうが、いまなお、金沢市の各所には「善隣館」という福祉拠点があり、全国の保育園・幼稚園で「善隣」の名称を持つものも多い。

　当時の日本社会は、一九二三年に関東大震災が起き、その後の一九二九年に世界大恐慌が起き、一気に社会が不安定化した。その時に、街にあふれる浮浪者や貧困者を救済しようと街の名望家たちが私財を出し合って救援する拠点に対して「善隣館」の名前が使われるようになったと言われている。二〇〇八年に世界金融危機、二〇一一年に東日

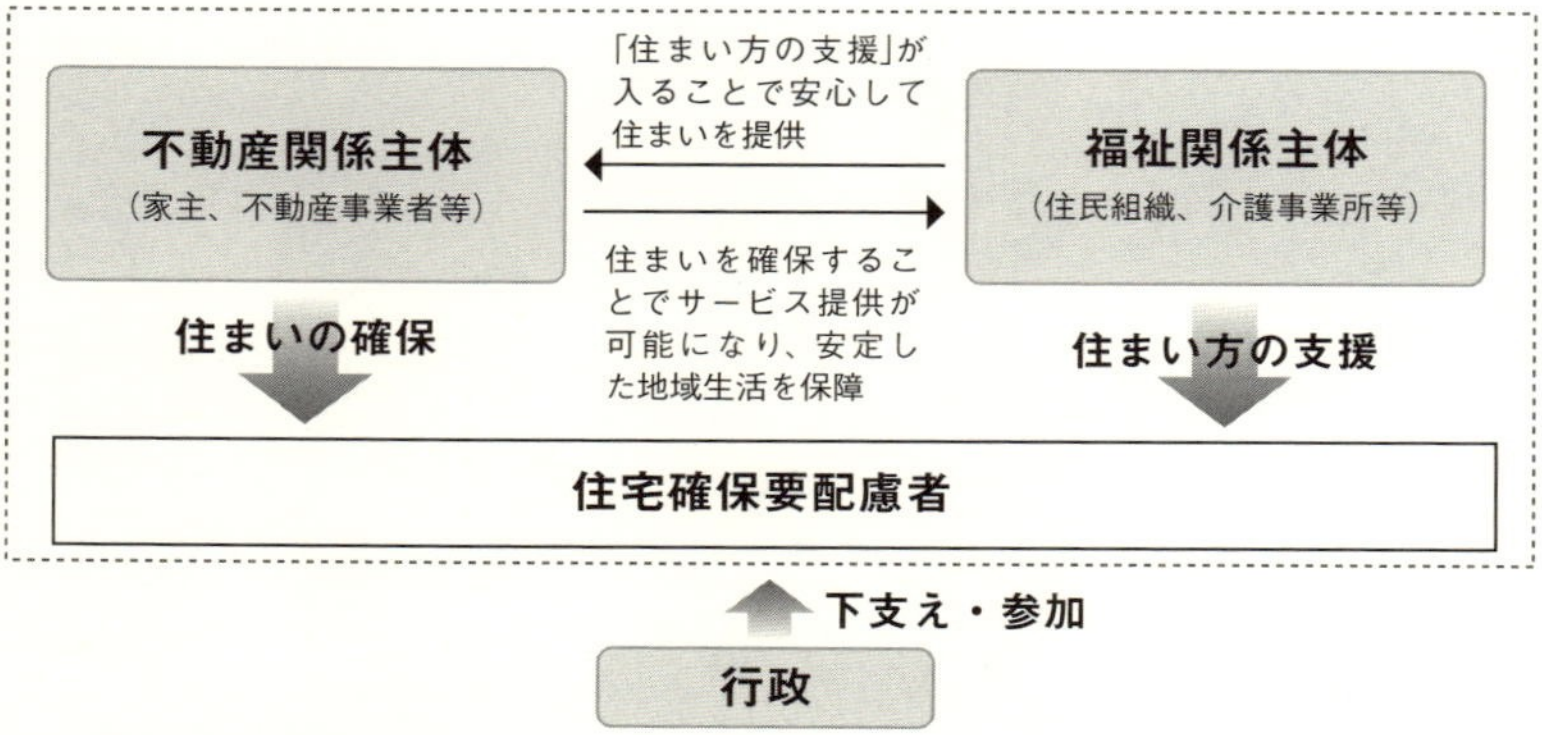

［図 8］ 地域善隣事業の基本スキーム（資料提供：（一財）高齢者住宅財団）

本大震災に直面したいまの私たちもほぼ一〇〇年前と同じ状況に置かれている。一〇〇年前にできたことを、いままたすればよく、しかもいまは空き室・空き家という資源に恵まれている。

繰り返しになるが、遊休化する家を持つものはそれを提供し、生活困窮者等に対して過不足のない支援を適切に行えばよい。行政は当然それを下支えする。これにより、単身者、高齢者、シングルマザー、障害者、外国人等の何らかの支援を必要とする存在を社会の中に包摂できる。こうした取り組みが重要なのは、社会の基底（そこ）をつくり、社会が底抜けしないためである。

地域善隣事業に関連して、建築的にもできることはたくさんある。遊休化している既存の建物を甦らせるためのデザイン的な創意工夫である。これこそ、いま、ブームのリノベーションやコンバージョンにほかならない。私自身は、いま「NPOモクチン企画[※11]」という若い建築家たちと一緒に、「(仮称）地域善隣モクチンレシピ[※12]」を開発しようとしている。既存の古ぼけた、あるいはくたびれたアパート等をモクチンレシピで蘇らせ、それらが地域の中で連担していくことを構想している。そうなれば、既存の市街地を従来の「施設」と同じ機能を持ちながら、より高質・高次の居住空間に変えることができるかもしれない。いわゆる「施設」は、命は保障するかもしれないが、実情は鳥かごの中に押し込めているのと変わらない。街という大きな空間の広がりの中で、居住のあり方を問い直してみたい**［図9］**。

(3) 郊外住宅地の持続と再生

三つめの事例は、「郊外住宅地の持続と再生」である。日本の高度経済成長期以降、特に一九七〇年代以降は、大都市への人口集中と世帯形成があいまって、郊外部の宅地開発が進み、続々と新しい郊外住宅地が新設されていった。そうした郊外住宅地は、開発された順番通りに居住者の高齢化が進み、開発された順番通りに空き家、空き地が発生し、次の世代にその住宅地や住宅を受け渡すことができるかどうかの正念場にさしかかっている。

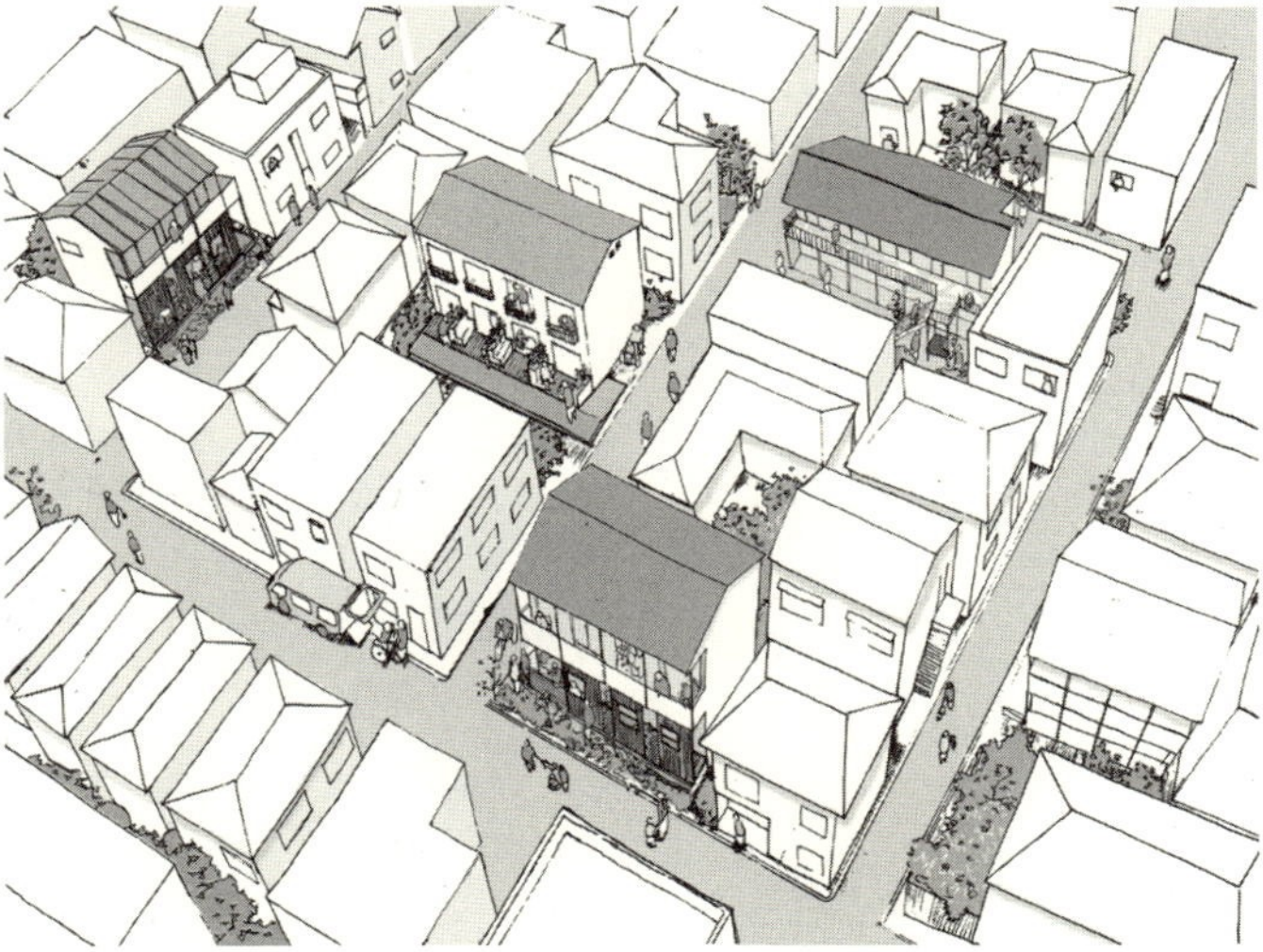

［図9］ 地域を「施設」に（資料提供：(一財)高齢者住宅財団）

※11 戦後、大量に建てられた木造賃貸アパートを重要な社会資源と捉え、再生のためのさまざまなプロジェクトを実践しているNPO法人。https://www.mokuchin.jp

※12 二〇一八年度（一財）住総研 研究・実践助成に採択された実践活動。

開発後、四〇〜五〇年経過した郊外住宅地が直面している問題は、居住者の高齢化と建物の老朽化あるいは現在のライフスタイルとの乖離が大きくなっていることだ。この状況を変えるには、初代居住者がその地において安心して最期の時まで過ごせるようにすることと、新しい世代や時代においても魅力的な街につくりかえなければならない。そのためには、いま一度、建築空間に再投資し、街の空間を現在およびこれからにふさわしいものに手直しする必要がある。

ところが、それに対して、「誰が…?」という主体の問題、「再投資する…!」という資金の二つの問題が大きく横たわっている。高度経済成長期に新期の住宅開発を行った際には、日本社会は郵便貯金や年金積立金を原資にして、国全体の財政投融資という資本の出し手と資金循環によって、それを実現した。しかし、いまやそのエンジンや、エンジンを廻すための資金循環が断たれている。

こうした状況を打開するには、地域住民の有志が少しずつ資金を出しあい、たとえば「地域事業会社」みたいなものを設立してはどうだろうか。出資者は当然に株主で、その会社を使って、地域価値向上のための諸施策——団地再生、中古住宅流通促進、困

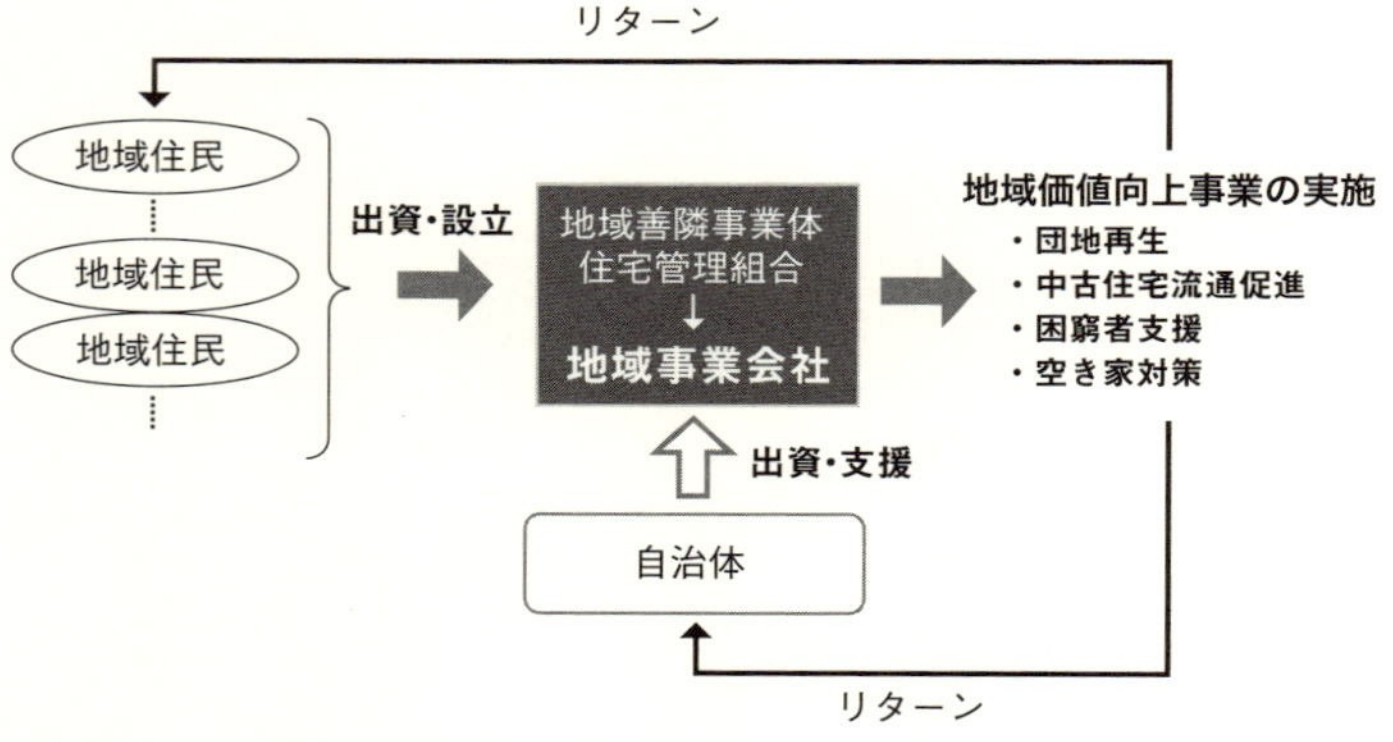

[図 10]「郊外住宅地の持続と再生」の基本スキーム

窮者支援、空き家・空き地対策等に取り組むのである【図10】。自治体も当然にそれに対して出資したり、支援する必然性がある。そうしなければ、人口減、世帯数の減少が進み、自治体経営自体が成り立たなくなるからだ。反対に、良循環を創出できれば、その投資した資金が街に持続と再生という大きなリターンをもたらす。

空き家や空き地を活用し、高齢者等が最期までまっとうできる安心の居場所を創出し、そして街の空間のつくり替えによって、ゼロ歳から一〇〇歳以上までが安心して住めるようにできれば、その街には未来がやってくる。

8．実践をめざして

最後に、「住宅研究のフロンティア」についての考えを述べてみたい。

いま、研究には、「何をすべきか（What to do）」だけではなく、それを「どのように実現するのか」の〝How to do〟が伴わなければならない。両者が合わさって提出されなければ、問題の解決にはならない。研究にも、「大文字の研究」と、「小文字の研究」があるのではないか。「大文字の研究」とは、単に現状を調査したり分析して終わるのではなく、研究にもとづく大胆な提案、すなわち〈開発〉が伴うことだ。ただ、それでも不足がある。開発提案を現実の空間、フィールドに着地させるには、〈デザイン〉が不可欠である。飛躍や跳躍、創発がなければ、抽象的な思考を現実の〝もの〟、〝こと〟に換えることはできない。

住宅研究のフロンティアとは、〈研究〉×〈開発〉×〈デザイン〉にある。

そして、これからは〝実践〟がいままでにも増して重要になるだろう。地域医療に意欲的に取り組む女性医師から、「三つのS」あるいは「三つのH」という考え方が看護学の世界にあることを教えてもらった。これからの一〇年、住宅研究においても、この「三つのS―スピリット（精神）・サイエンス（科学）とそしてスキル（実践）」あるいは「三つのH―ハート（温かい心）、ヘッド（冷静な思考）とそしてハンド（実践）」が必要である。そして、激動の時代にあっては、中でもスキルあるいはハンドの〝実践〟がきわめて重要なことを指摘して、結語としたい。

【参考文献】

（1）クラウス・シュワブ『第四次産業革命――ダボス会議が予測する未来』日本経済新聞社、二〇一六年。
（2）内田樹「反骨は立ち上がる」神奈川新聞インタビュー記事、二〇一七年五月三日。
（3）レイ・カーツワイル『シンギュラリティは近い』NHK出版、二〇一六年。
（4）ルトガー・ブレグマン『隷属なき道(原題UTOPIA FOR REALISTS)』文藝春秋、二〇一七年。

第 III 章

地球環境時代の住宅と建築の歴史研究

後藤　治（工学院大学 教授）

1．建築史研究における今後のフロンティア

与えられた本来の課題は、建築の歴史の研究を専門とする立場から、二〇〇七年（住総研六〇年）以降、すなわちこの一〇年間の建築史研究や住宅の歴史研究をレヴューして、テーマに対して何か述べることであろう。とはいえ、私は、研究で住宅建築を対象とはしていないし、住宅建築の歴史を専門の立場から論じたこともない。また、近年の建築史研究を網羅的に把握しているわけでもない。

一方、近年、何かと話題になるのが、地球環境の保全を考えることである。そのキーワードになっているのが、「持続可能」（サステイナブル：sustainable）という語である。たとえば、二〇一五年に国連で採択されたSDGs（Sustainable Development Goals）は、マスコミでもしばしば取り上げられているし、研究面においても重点的に助成する際のキーワードとして使われている。

筆者が専門とする日本建築史の研究（住宅建築の歴史研究を含む）においても、地球環境の保全や「持続可能」という語を意識した学術成果が、近年みられるようになってきている。そこで本章では、最初に、日本建築史の研究のなかで、「持続可能」という語に関係する、新たな視点を持つ注目すべき研究を、管見の範囲で紹介する。

建築史研究は、歴史的建造物の保存と深い関係にある。そのため、本章では次に、歴史的建造物の保存にかかわる実践活動において、注目すべき研究から抽出される新たな視点と関係する活動に焦点をあててみたい。

一方、私自身のこれまでの研究や実践活動においても、新たな視点と関係するものがある。そうした活動の一部は、若手研究者による独自の研究と共同する形で進めている。そこで本章では、そうした若手研究者の研究を紹介し、あわせて自身の研究と実践活動も紹介する。

その上で、最後に、建築史研究における今後のフロンティアは何か、という与えられたテーマについての展望と、それにかかわる雑感を述べてみたい。

なお、近年の日本建築学会の建築史研究（建築歴史意匠分野での研究活動に代表される）をみると、人口減少や大規模災害後の復旧等に注目して、都市の歴史を扱った研究が盛んで、多くの若手研究者がそれにかかわっている。住総研との関係をみても、そうした研究が多数、研究助成の対象となっており、その成果が、出版助成、博士論文賞、研究・実践選奨の対象となっている。それらに言及するのは筆者の力量をこえているので、ここでは対象としていないことをお断りしておく。

2．新たな視点を持つ日本建築史研究

（1）中村琢巳の研究

その研究の代表といえるのが、中村琢巳（東北工業大学講師）の『近世民家普請と資源保全』（中央公論美術出版、二〇一五年）である。この本は、中村の学位論文「木造住宅のライフサイクルに関する研究——近世史料にみる資源保全型の建築活動」（二〇〇七年、東京大学）を基盤としている。以下、同書の

目次を示す。

目次から明らかな通り、資源（Stock）としての民家やその部材、木材に注目した研究である。その冒頭で中村は、「ところで現代における建築生産の転換として、資源消費型から持続循環型への移行が指摘されて久しい。実は、歴史のなかの日本建築の姿にこそ、資源循環型と呼ぶにふさわしいあり方、すなわち新築から修繕・増改築・建替にわたり体系化された「伝統的な知恵」を見出すことができるのではないか。」と記している。

（2）海野聡の研究

中村の研究は、建築（特に民家）やその部材、資材を「資源」として捉え、「循環型」の建築生産をキーワードにしている点に特徴がある。これと共通する視点の研究として、建築そのものの持続に注目した研究がある。具体的には、維持管理や増築・改築・模様替えといった新築以外の行為に注目した研究である。その代表といえるのが、海野聡（東京大学大学院准教授）の『奈良時代建築の造営体制と維持管理』（吉川弘文館、二〇一五年）である。この本も、海野の学位論文「奈良時代の造営体制と建築」（二〇一三年、東京大学）の前半部分を基盤としている。以下、同書の目次を示す。

著者から本書を贈呈いただいた時に添付されていた書面には、「新造に主眼が置かれていた建築史学に、維持管理という視点を通して、建築のライフサイクル、すなわち長期的な時間軸の視点を新たに導入したことで、技術の持続性を検討する素地を築いている。」と記されている。

新築以外への注目という点では、この一〇年間より前の成果になるが、藤井恵介を中心とするグループによる『建築の移築に関する研究』（二〇〇五年科学研究費報告書）がある。また、移築に関してはほかに、平山育男の一連の研究※1がある。これらの新築以外に注目した研究については、中村の序章にある「先行研究と本書の構成」に紹介されているので、そちらを参照いただきたい。

また、日本建築史の研究ではないが、海野と類似する視点を持った近年の優れた研究の成果に、加藤耕一（東京大学大学院教授）の『時がつくる建築　リノベーションの西洋建築史』（東京大学出版会、二〇一七年）がある。

3．歴史的建造物保存にかかわる新たな実践活動

注目すべき研究として、中村、海野の研究を紹介したが、その新たな視点から抽出できるキーワードとしては、「資源循環」「新築以外の建築生産」ということになる。以下では、歴史的建造物の保存にかかわる実践活動のなかで、新たな視点と関係が深いものについて取り上げるが、後者については、保存という行為自体が、「新築以外の建築生産」といえる。そこで、ここでは、再び「持続可能であること＝持続性」をキーワードにして、それにかかわる保存の活動を取り上げる。

（1）「資源循環」と関係する保存の活動

資源として古民家をとらえるような保存の活動は、中村の研究以前から、民間では取り組まれている。たとえば、特定非営利活動法人日本民家再生協会※2は、一九九七年にその活動をスタートしている（当時の名称は、日本民家再生リサイクル協会）。

行政の動向としては、文化財の修理に必要な資源の確保という点で、文化庁が二〇〇六年から開始して

いる「ふるさと文化財の森システム推進事業」[※3]がある。同事業では、文化財建造物の保存に必要な資材の供給の場および研修の場となる「ふるさと文化財の森」の設定、並びに、資材採取等の研修、普及啓発事業といった活動を行っている。二〇一八年三月現在、七六か所が設定され、対象となっている資材は漆、木材（アカマツ、サワラ、ヒノキ、スギ、ヒバ、クスノキ、クリ、キリ、イヌマキ）、茅（ススキ、カリヤス、ヨシ）・苧殻（麻殻）、檜皮、畳（い草・七島い）である（括弧内は二〇一八年時点での設定品目。文化庁が示している要件では、ほかに竹が資材の対象となっている）。

（2）「持続性」と関係する保存の活動

住総研による出版『受け継がれる住まい——住居の保存と再生法（住総研住まい読本）』（柏書房、二〇一六年）は、その代表的なものといえるだろう。本のタイトル「受け継がれる住まい」は、住総研の二〇一四年度研究募集の重点テーマである。単に「保存」をテーマとしたのではなく、「受け継がれる」とした点に、「持続性」への意識が表れている。

各都道府県の建築士会を中心に進められている建築保存にかかわる専門家（ヘリテージマネージャー）育成は、二〇一七年度末時点で、四三都道府県建築士会、二政令指定都市のＮＰＯによって事業が実施されている。日本建築士会連合会が示しているその育成のためのガイドライン[※4]には、目的に「循環型社

※1 平山育男「全国の移築民家における移築の行われた時代、移築の理由、移築の移動距離、移築までの期間とその相互関係」日本建築学会計画系論文集六二二号、二〇〇七年一二月、ほか。※2 日本民家再生協会 http://www.minka.or.jp/know/organization.html
※3 ふるさと文化財の森システム推進事業 http://www.bunka.go.jp/seisaku/bunkazai/joseishien/furusato_mori/

会における建築のあり方を見据え、地域に眠る歴史的建造物の保全・活用を推進することにより、地域固有の風景を回復しつつ誇りのもてる地域づくりに貢献することを目的として、建築士会は、ヘリテージマネージャーの育成・活用に取り組む」とある。すなわち、その育成が、単なる保存ではなく、「循環型社会」の建築という、「持続性」を意識した保存の活動であることがわかる。

行政による動向としては、文化財保護法が活用を重視して改正（二〇一九年四月施行）されることがあげられる。活用の目的として「観光」に注目が集まっているので、この改正が「持続性」と関係するとは、必ずしも言えないかもしれない。とはいえ、単なる「保存」から踏み出したという点で、ここでは関連した活動の中に含めておきたい。

その他に関連する動向として、文化庁は、近現代の建造物に関して、「近現代建造物の保存と活用の在り方に関する協力者会議」（二〇一六年一一月〜二〇一八年三月）を設置し、その提言「近現代建造物の保存と活用の在り方」をまとめている（二〇一八年七月）※5。そこでは、より活用と保存の両立を円滑化するために、「保存活用計画」の策定方法の見直し等の提案を行っている。筆者は同会議の委員長を務めた。

「保存活用計画」は、文化庁が一九九九年に示した指針※6に基づいて策定されている。これと類似する計画は、ＣＭＰ（Conservation Management Plan）と呼ばれ、世界の文化財建造物で策定されている。実態として、日本では、保存のために計画を策定している傾向が強くなっているが、世界での運用は異なっている。すなわち、Managementの語からわかる通り、改造を受け入れ、建造物を活用し続けやすくすることによって、「持続性」のある保存となることを目的としている。

近現代建造物に関する協力者会議で行われている検討は、保存活用計画を世界のＣＭＰに近づける活動といえる。ところで、文化財保護法の改正で、保存活用計画の策定は、法定化される。これを契機に、国内の運用が、近現代の建造物に限らず、すべての歴史的建造物について、世界の運用に近づくことを望みたい。

4．若手研究者との共同研究

以下では、私自身が行っている歴史的建造物や町並の保存のための研究、実践活動と共同する形で行われている若手研究者の研究で、「資源循環」「持続性」というキーワードと関連するものを取り上げる。

（1）「資源循環」に関連する研究

森林学の分野では、文化庁の「ふるさと文化財の森」の取り組みと並行して、文化財保護への資材供給に関する研究が進められている。その代表的なものに、山本博一（東京大学大学院教授）らによる、科学

※4　歴史的建造物の保全活用に係る専門家（ヘリテージマネージャー）育成・活用のためのガイドライン　http://www.kenchikushikai.or.jp/data/hm-net/date-05.pdf
※5　文化庁「近現代の建造物の保存と活用の在り方（報告）」二〇一八年　www.bunka.go.jp/seisaku/bunkazai/hokoku/pdf/r1407465_01.pdf
※6　文化庁：重要文化財（建造物）保存活用計画策定指針と同標準計画の作成要領　http://www.bunka.go.jp/seisaku/bunkazai/hokoku/kenzobutsu_hozonkeikaku.html　http://www.bunka.go.jp/seisaku/bunkazai/hokoku/pdf/hozonkeikaku_yoryo.pdf

研究費補助金による研究がある※7。筆者もそのメンバーの一人として二〇〇五年度から研究に参加している。

佐藤樹里（東京大学空間情報科学研究センター客員研究員）の「歴史的木造建造物に使用されるヒノキ大径材に必要な森林資源の推定」（二〇一二年、東京大学学位論文、博士（環境学））は、その成果の一つである。以下にその目次を示す。

第１章　研究の背景・目的・概要
第２章　ヒノキ構成部材と立木規格を結ぶ手法の開発
第３章　ヒノキ資材に適用可能な森林資源の質的解明
第４章　需要情報を反映させた森林資源推定―愛媛県大洲城天守の事例―
第５章　歴史的木造建造物に要求されるヒノキ資材の森林資源推定
第６章　結論
第７章　資材供給可能性の検討

世界文化遺産の登録に関する諮問機関であるイコモス（ＩＣＯＭＯＳ／国際記念物遺跡会議、International Council on Monuments and Sites）は、木造建造物の修復の原則を示している。そこでは、部材の修理や交換にあたっては、「同樹種、同品質、同技術を原則

［写真１］南会津町前沢集落

とする」ことを掲げている。この原則に従うと、文化財建造物の修理には、山林で長期に育成した樹木から採材した高品質の木材が必要になる。佐藤の論文は、その確保が困難であることを科学的に示したものとなっている。

現在、文化財建造物の修理現場では、高品質材の不足が課題になっている。その一方で、日本の山林では、長期育林した樹木への需要が低下し、その使途に困っているというアンバランスな状態が発生している。

(2)「持続性」に関連する研究

筆者は、伝統的建造物群保存地区の保存をはじめとするいわゆる「歴史まちづくり」に取り組む市町村において、技術者や技能者の確保や伝統的技術・技能や資材の確保という、いわゆる「地域の生産体制」を継承する活動に協力している。

[写真2] 加世田麓の武家屋敷・強風に備えた垣根

※7 二〇〇二~〇四年度　基盤研究(A)(1)、木造建造物文化財の修理用資材確保に関する研究。
二〇〇五~〇七年度　基盤研究(A)、木造文化財の為の木材及び植物性資材確保に関する研究。
二〇〇八~一〇年度　基盤研究(A)、文化財建造物の保存に必要な木材及び植物性資材の安定確保の基礎的要件に関する研究。
二〇一一~一三年度　基盤研究(A)、文化的価値のある伝統的木造建造物を維持するための植物性資材確保の基礎的要件の解明。
二〇一四~一六年度　基盤研究(B)、歴史的建造物を維持するための植物性資材確保に関する研究。
研究代表者はいずれも山本博一東京大学大学院教授。

福島県南会津町前沢集落【写真1】、鹿児島県南さつま市加世田麓地区【写真2】では、アルセッド建築研究所と共同して、その取り組みをしている。両地区での成果は、益尾孝祐「歴史的風致維持向上のための地域住宅生産システムに関する研究」(二〇一八年、早稲田大学学位論文)のなかでまとめられている。以下、同論文の目次を示す。

序　章
第1章　歴史的風致の維持向上の観点から見た地域住宅生産システムの実態に関する研究
第2章　歴史的風致の維持向上の観点から見た地域住宅生産システムの域内産業循環の実態に関する研究
第3章　歴史的風致の再生・維持向上のための地域住宅生産システムの再編成による自立再建住宅支援の実践と検証に関する研究
第4章　地域型住宅の供給戸数からみた歴史的風致の再生・維持向上のための地域住宅生産システムの再編成手法に関する比較研究
終　章

第1章が南さつま市、第2章が南会津町を対象にしている。第3章、第4章は、大規模災害後に再建される住宅について論じたものである。

この研究は、これまで建築歴史、建築生産、都市計画の分野で、個別に論じられていた地区の保全、生産体制の確保、災害復旧時の風景の継承等の問題について、「歴史的風致の維持向上」をキーワードにして、分野を横断する形で、分析、展望した点が特筆される。

ところで、地域の生産体制の継承を図ることは、公的な資金を用いる場合、競争入札の原理との関係で、困難な点が多い。なぜなら、競争入札では、地域の特定の技術者や技能者に特命で発注することが難しいからである。その点を解決するための工夫が、近年、いくつかの地方公共団体で試みられている。

秋田県横手市増田町は、その例である。増田町の中心市街地は、国の重要伝統的建造物群保存地区に選定されている【写真3】。横手市は、地域内で実施される修理、修景事業に対して、前述したヘリテージマネージャー（秋田県建築士会が育成）を統括事業者にして、各種事業については、横手市が実施した講習会を受講した地域の職人へ受注する体制を、市の補助要項で定めている。

その他に、歴史まちづくり法（「地域にお

［写真3］ 秋田県横手市増田町の町並

ける歴史的風致の維持及び向上に関する法律」の通称）に規定する「歴史的風致維持向上支援法人」の仕組みを使う方法もある。同法では、支援法人は、技術者の紹介や派遣ができ、公共施設では自ら業務に携わることができること等を規定している。福島県白河市の特定非営利活動法人「しらかわ建築サポートセンター」※8の活動はその例で、センターの会員である技術者、技能者が、国の支援を受けて実施されている白河市の歴史的風致形成建造物の保存活用を手掛けている【写真4】。白河市の活動は、東日本大震災で被災した歴史的建造物の復旧を、歴史まちづくり法を使って行っているという点でも注目に値する。

【写真4】福島県白河市のサポートセンターによる町家の再生

5.「資源循環」「持続性」に関する私自身の研究、実践活動

次に、私自身のこれまでの研究、実践活動の一部を紹介する。

(1)「資源循環」にかかわる活動

「資源循環」にかかわる活動としては、先に述べた山本博一との共同研究がある。そこでは、国が国宝・重要文化財に指定した歴史的建造物に使われている木材の樹齢や材質に関する調査、こけら葺の屋根に使われている板材(こけら板)の材質と寿命に関する研究を行った。これらの研究においては、使用されている部材の寿命が、資源となる木材の樹齢よりも長くなければ、「資源循環」が達成できないという考え方を基本にした。

研究の結果、現在の国宝・重要文化財で行われている保存修復工事が、「資源循環」という視点でいえば、必ずしも好ましい形とはいえないことが判明した。これらの研究では、その成果として、今後検討すべき、新しい保存修復工事の方法も提案している。

※8 しらかわ建築サポートセンター https://www.facebook.com/shirakawakenchiku

a. 文化財の部材に使用された木材に関する研究

ここでは、文化財に使用された木材に関する研究の成果を代表するものとして、福勝寺本堂（和歌山県海南市、重要文化財）の分析結果※9を示す。

福勝寺本堂は、永正九年（一五一二）の落書きがある中世末期（一五〇〇年頃）に建設された仏堂で、棟札等から寛文二年（一六六二）、天保七年（一八三六）に、大規模な修復工事が行われていることが判明する。本堂に用いられている部材は、建設当初の部材、寛文、天保の修復時の部材、明治期以降の部材に大別できる。

図1の網がけの部材は、当初の部材で、**図1**の表は、その年輪から判断できる部材を採材した木材の樹齢である。柱は、樹齢一〇〇年に満たない材が、五〇〇年以上使われたことがわかる。また、当初の部材が

約500年前から
残存する部位と品質

部材名	樹種	年輪幅（本／cm）	幹径（cm）	樹齢（年）
丸柱	楠・欅・桧	2.9	58	84
組織	欅・桧	4.6	49	113
貫・頭貫	松	6.1	59	180
壁板	松	4	128	256
床板	松	4	128	256
化粧垂木	松	2.7	45	61

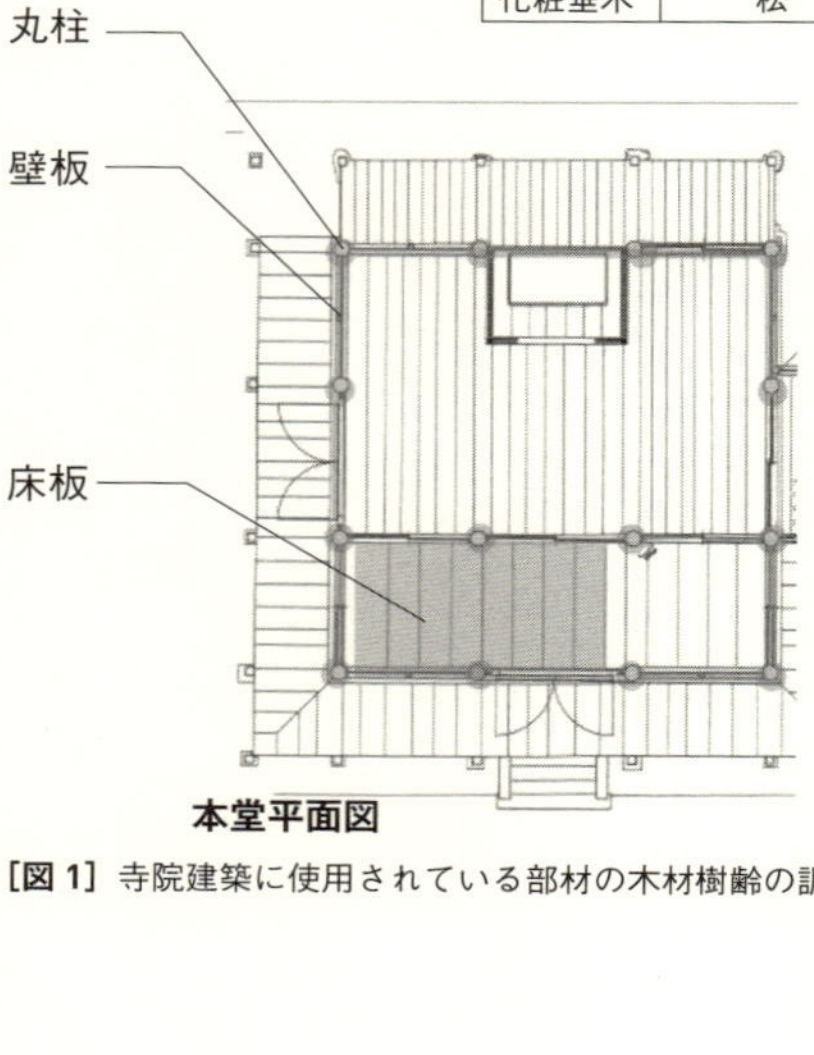

本堂平面図

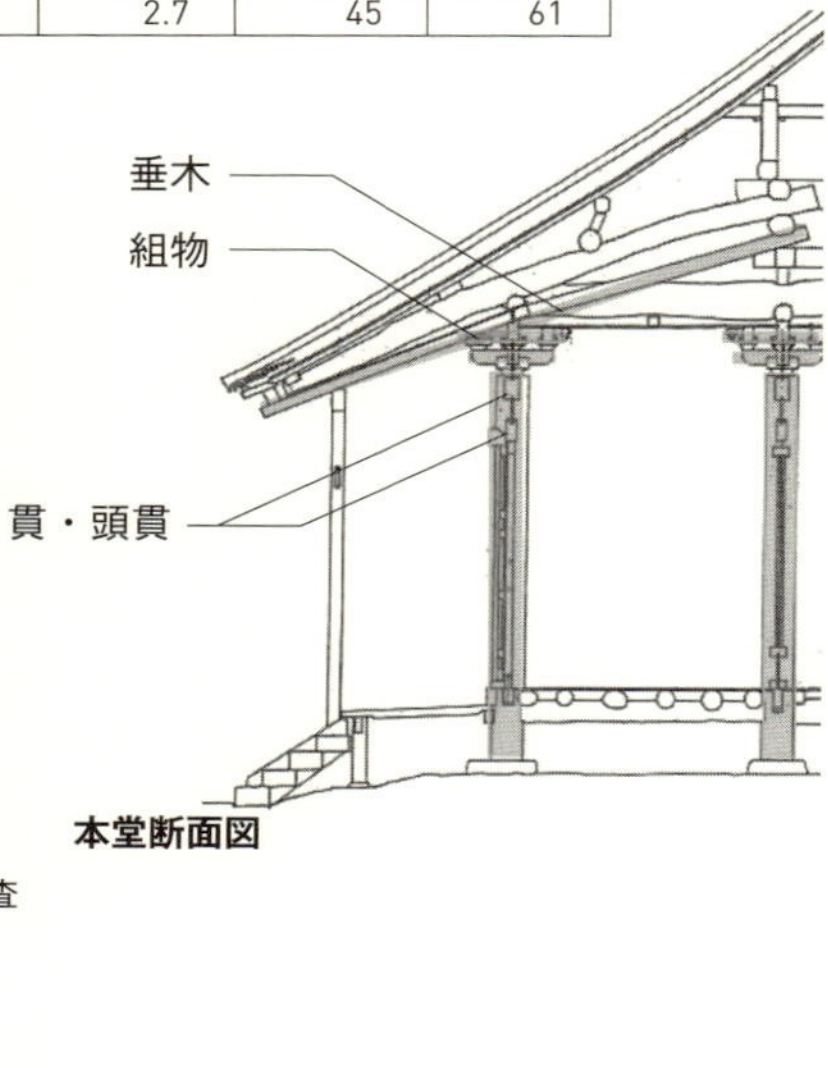

本堂断面図

[図1] 寺院建築に使用されている部材の木材樹齢の調査

残るのは、雨がかりが少ない箇所であることもわかる。

図2の網がけの部材は寛文期以降にすべてが取り替えられている箇所、斜線の部分は天保期以降のものしか残されていない箇所である。縁板は、取り替えが多いにもかかわらず、樹齢の長い木材が使われており、資源循環上の課題があることが判明する。裏甲にも樹齢の長い木材が使われているが、これは他の部材を取った後の破材を使用したためと考えられる。

樹齢の長い木材が必要なのは、柱梁といった構造材ではなく、床板、縁板、壁板といった板材であることがわかる。そのため、資源循環という点では、板材の利用に関しては、前記したイコモスの修復の原則

※9 Tatsuya Takahara, Osamu Goto, Hirokazu Yamamoto etc., Investigation and Research for Effective Usage of Wood, WCTE2008-10th World Conference on Timber Engineering, Miyazaki, Japan.

寛文2年（1662年）			
部材名	樹種	幹径（cm）	樹齢（年）
軒支柱	椎・楠	43	75
軒桁	杉・松	54	216
床板	栂	128	256
化粧垂木	栂	45	212
母屋	松	32	67
大梁	松	41	164
切裏甲	栂	74	310
縁板	栂	55	440

→

天保7年（1836年）			
部材名	樹種	幹径（cm）	樹齢（年）
軒支柱	椎・栗・楠	43	99
軒桁	松	65	195
化粧垂木	松・杉	45	104
切裏甲	松	74	274
縁板	桧	48	205

→

明治以降			
部材名	樹種	幹径（cm）	樹齢（年）
壁板	松	68	136
化粧垂木	栂・杉・ヒバ	45	153
切裏甲	ヒバ	74	274

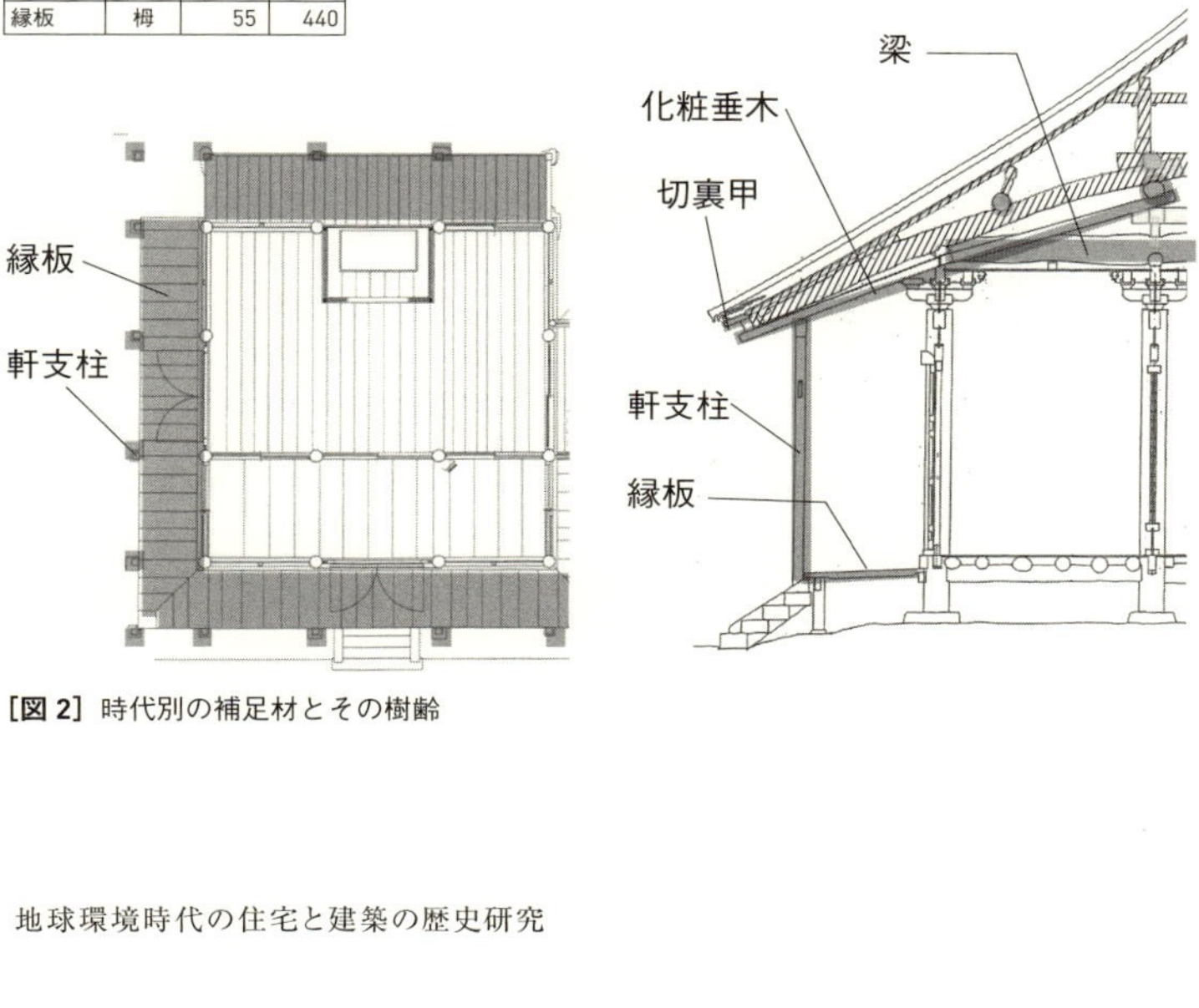

[図2] 時代別の補足材とその樹齢

（同樹種、同品質、同技術の原則）にならうことは、再考の余地があるといえる。

b．こけら板の仕様に関する研究

現在、こけら葺き屋根の寿命は、約三〇年程度となっている。葺き材に使われるサワラは、山林で一〇〇年以上をかけて育った樹木から採取される形で、資源のサイクルを考えると、明らかに資源の浪費といえる。

そこで、筆者は田村雅紀（工学院大学教授）と共同で、高品質材のサワラを使用しているこけら葺き屋根の葺き材（「こけら」と呼ばれる幅の薄い板）に、人工林で育成したスギを用いることが可能であることを示す研究を行った※10。スギからこけら葺きに使える板を採取すると、宮崎県の人工林では、三〇～四〇年程度の樹木から採取可能である。

一方、資源循環を考えると、こけら葺きの寿命をもう少し長くしたい。そこで、研究で

［写真5］人工林若年杉材からこけら板を採取する

は、板の表面に木酢液、遮熱塗料等の各種の塗装を施す改質を行い、その寿命への影響も観察した。その結果、遮熱塗料を塗布すると、相当程度に寿命を延ばすことができることを確認できた**［写真5］**。

そもそも、屋根に葺くこけら板にサワラ材を使うのは近代になってからである。古い時代のこけら材は残されていないが、こけら葺きとほぼ類似する技法による瓦屋根の下地に使う薄板を調べると、サワラの使用は近代以降で、近世には、スギ、ツガ、マツといった木材が多用されている**［図3］**。

近世に用いられている葺き材は、軀体の部材にも用いられている。このことか

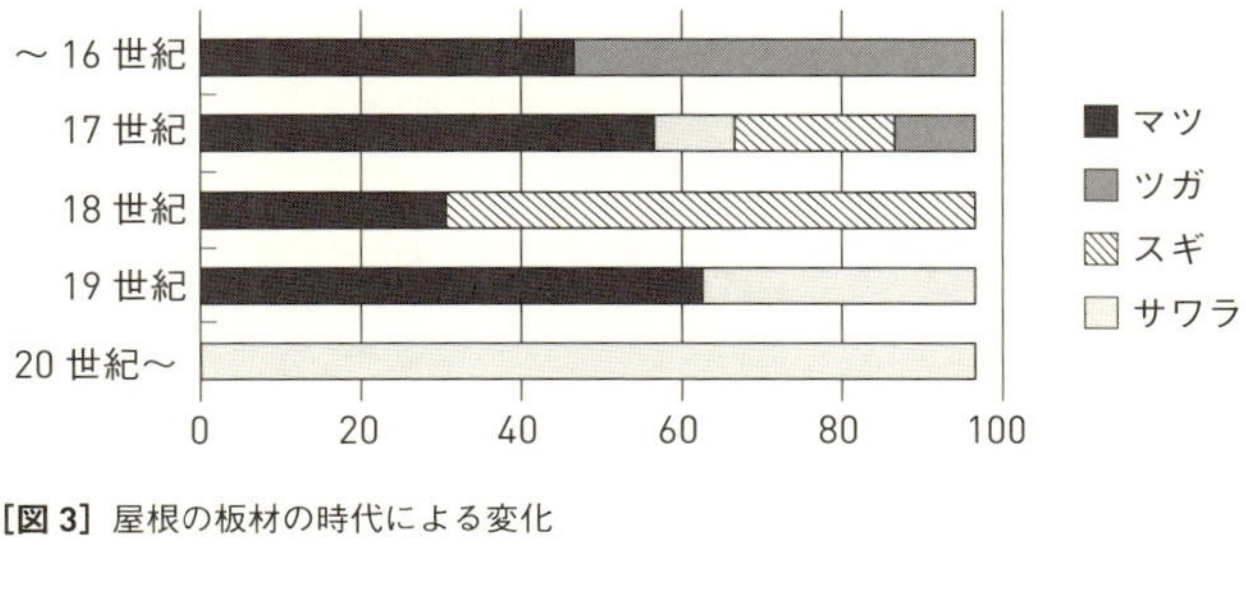

［図3］ 屋根の板材の時代による変化

※10 清永美奈子・田村雅紀・後藤治・山本博一「伝統的木造建築に用いる柿葺き材の物性分析と改質処理による持続的保全技法に関する研究」『日本建築学会関東支部研究報告集』二〇一〇年、一二一頁、一二八頁ほか。

らわかるのは、近世には大木から部材を採取した後の残材のような身近に採取できる木材を利用して葺き板としていたのであって、樹種をサワラに統一するようなことは、近代的な手法だということである。現在、こけら板に使う良質なサワラ材は入手が困難になってきている。そこで、これからの文化財の修復では、近世までの伝統にならって、身近に手に入る木材から、葺き板を採取すべきであると筆者は考えている。

(2)「持続性」にかかわる活動

研究した当時には、「持続可能」というキーワードを必ずしも意識してはいなかったが、結果としてそれに関連している研究を紹介する。

a. 寺院建築の研究

学位論文『造営事業を通してみた寺院建築の歴史的背景に関する研究』(一九九七年、東京大学)におさめた、東寺伽藍の維持管理に関する研究※11、東大寺南大門の改造に関する研究※12がそれに該当する。いずれも、建築の新築ではなく、維持管理や改造に注目した研究だが、東寺については、災害後の復旧についても取り上げているので、一部新築も対象にしている。

両者とも、寺院の生産体制に注目した研究で、そのなかでは、現在まで残る歴史的建造物が、どのように維持管理され残されてきたのか、生産体制の変化が寺院の建築や境内の空間にどのような変化をもたらしたのかを考察している。そのため、広義には「持続可能」であることと関係する研究であると思われる。

先に示した海野や加藤の研究に対して、巷間では新築以外の改造に注目している点が、研究の新しい視点として紹介されがちである。しかしながら、筆者の研究でもわかる通り、新築以外に注目した研究は、近年はじまったことではなく、すでに多くの先学がそれを行っていることは指摘しておきたい。たとえば、浅野清による法隆寺伝法堂に関する研究[※13]、岡田英男による當麻寺曼荼羅堂に関する研究[※14]、山岸常人・藤井恵介による東大寺二月堂に関する研究[※15]などは、建築後の変遷を明らかにした優れた研究である。

b. 住宅建築の研究

住宅建築の歴史にかかわる研究として、山科教言、三条西実隆の住宅を手掛けた大工の研究において、室町時代の公家の住宅が、どのように維持管理されていたのかを論じたことがある[※16]。この論文では、中世の公家という上層階級の住宅の維持が、位階の昇進と密接な関係を持っていることを論じた。すなわち、位階が昇進すると、収入が増えるのだが、昇進とともに、大規模な住宅をあてがわれ、収入増加の分は住宅の維持費にあてなければならないというシステムが存在していた。そのような状況は、長野県の文化財保護審議会委員として関係した近世の高遠藩の武家屋敷においても確認できた[※17]。

※11 後藤治「東寺における造営の様相」『普請研究』一八号、一九八九年、後藤治「室町時代の大工職をめぐる訴訟と建築」『建築史の鉱脈――大河直躬先生退官記念論文集』中央公論美術出版、一九九五年。
※12 後藤治「東大寺南大門の妻飾と改造年代」『建築史学』一八号、一九九二年。
※13 浅野清『奈良時代建築の研究』中央公論美術出版、一九六九年。
※14 岡田英男『日本建築の構造と技法――岡田英男論集』思文閣出版、二〇〇五年。
※15 山岸常人「悔過会と仏堂（東大寺二月堂）」『中世寺院社会と仏堂』塙書房、一九九〇年、藤井恵介「東大寺二月堂建築の中世的展開」『南都仏教』五二号、一九八四年。
※16 後藤治「中世の施主と大工」『都市・建築・歴史4　中世の文化と場』東京大学出版会、二〇〇六年。
※17 森井寛朗・後藤治・吉澤政己・二村悟「御家中屋敷絵図にみる高遠藩馬島家住宅について」『日本建築学大会学術講演梗概集F-2』二〇〇五年、八五-八六頁。

これらも、資源の有効利用や建築の持続可能性にかかわる視点による研究ではなかったが、空き家が増加する現代における住宅維持の参考になるかもしれない。

6. 建築史研究のフロンティアは何か？

この問いに対する回答を私は持ち合わせていない。これまでのレヴューのなかで、「資源循環」「持続性」をキーワードにした研究といえるかもしれないが、それもあまりピンとこない。

率直な感想を述べるなら、研究のフロンティアはわからないが、歴史的建造物の保存という実践活動には、フロンティアがあるように感じている。一〇年前と比較すると、歴史的建造物の保存については、専門家は保存を単に訴える存在から、どのように保存すればよいのか、具体的な発言が必要な時代に入ったという実感がある。また、対象は歴史的建造物に限定されないが、耐震補強、リノベーションが市民権を得て、建造物を再生することが身近な存在になりつつある。その一方で、空き家対策が課題になるなど、目前に改修が必要とされる建造物も増えつつある。

その意味では、これからの歴史研究者は、机に座って研究をして、保存を訴えるのではなく、自らがフィールドに出て、自らの手で保存の実践をする時代に入ったといえるのではないだろうか。歴史研究も、そうした実践活動のなかで行われるべきであり、研究のフロンティアがどこかにあるとすれば、それは、実践活動から生まれた研究のなかから生み出されるのではないかと思う。

そう考えると、単に保存を目指した歴史的建造物の保存の実践活動ではなく、資源循環や持続性を意識した保存の実践活動の方が、研究のフロンティアを生み出す力の一つになれるかもしれないと感じる。

欧米の先進国で、「資源循環」「持続性」を意識した建築史研究がどれだけなされているか私は知らないが、少なくとも、欧州の先進国では、歴史的建造物の保存改修は、建築物を長く使い続けているという点で、「持続性」という観点から、高い評価が与えられている。また、歴史的建造物を保存改修する際に、省エネルギーを達成するような改修を行うための、ガイドブックや事例集が、政府の関係機関から出されている。この点については、ヨーロッパに限らず、アメリカでも同様である。さらに、歴史的建造物に使われている伝統的な構法や素材も、「資源循環」という点から評価され、歴史的建造物だけでなく、新築の

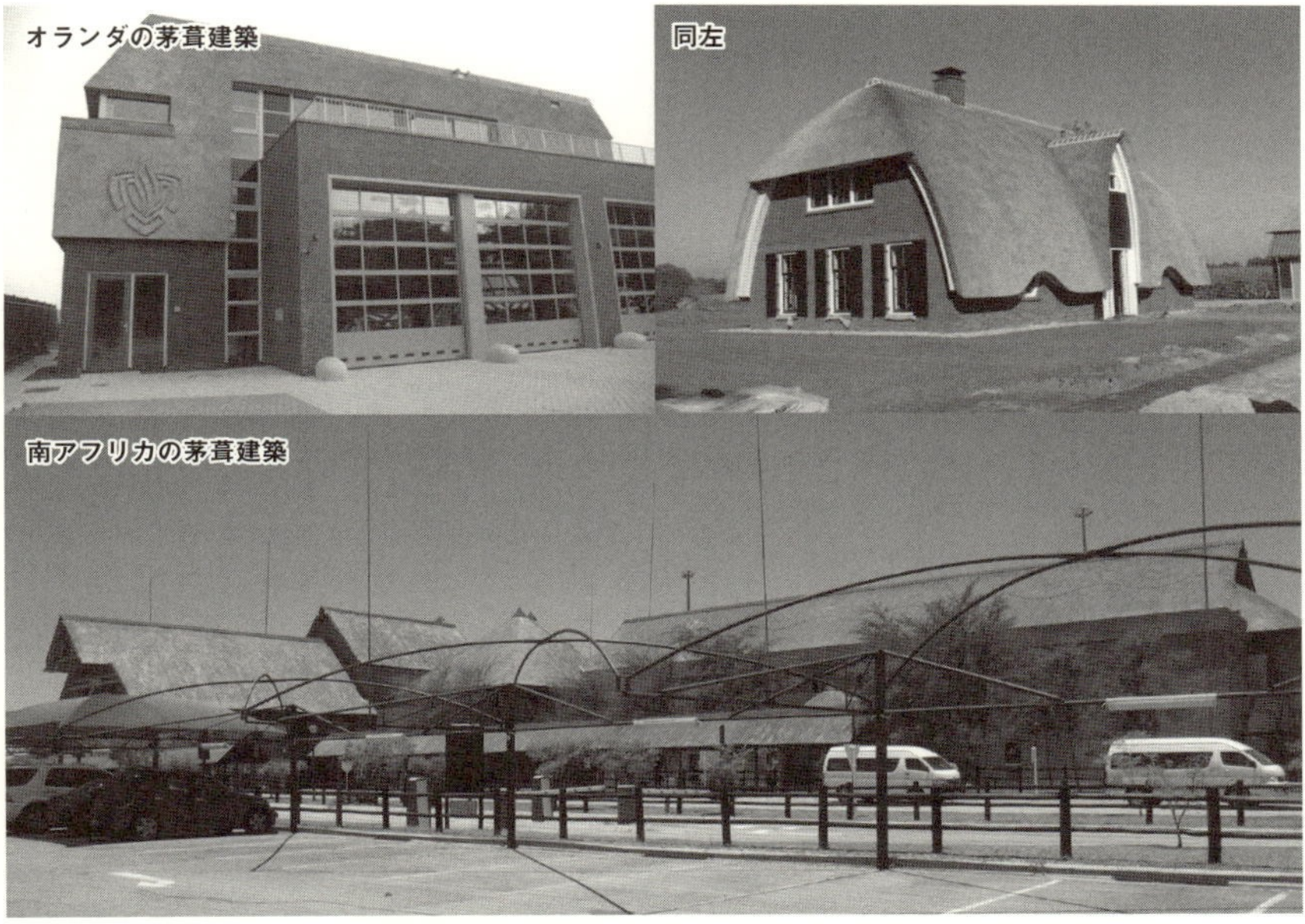

[写真 6] 南アフリカ、オランダの新築の茅葺建築

である。

物件にも多用されている。オランダ・デンマーク等の茅【写真6】やドイツの蜜蠟ワックスは、その例である。

現在、日本では、政府による公共建築への木材利用促進政策をはじめとして、木を使った建築が流行の兆しを見せている。こうした動向が、CO_2削減を目指す活動として、欧米から始まっていることは、知る人ぞ知るといったところかもしれない。木材利用については、欧米に追随するような形となっているが、歴史的建造物の保存改修や伝統的な構法や素材に対して、日本でも欧米のように「資源循環」「持続性」という点から高い評価が与えられる日が来るのだろうか。

そのことを期待する前に、まず歴史的建造物の保存改修そのものに、そうした視点を持った取り組みが行われていたのか、自省してみることが必要なことは、本文中に木材利用やこけら板について記した通りである。それに加えて、現在「資源循環」「持続性」に貢献すると思われているものも、歴史を振り返って、一度疑ってみる必要がある。

木材の利用に関していえば、これまでの世界の歴史は、利用が促進されると木材という資源を使い切ってしまうという歴史の繰り返しである。日本では、近世にはヒノキの建材への供給がほとんどできなくなっているし、江戸時代のツガやケヤキ利用の増加で、現在では森林にツガやケヤキの大木はほとんど残されていない。また、第二次世界大戦前後には、人口増加や戦時体制等にともない木材利用が増え、森林資源は激減している。英仏独では、中世を過ぎると、建築に針葉樹は使えなくなってしまっている。

歴史を学んだ私には、今流行のCLT（Cross Laminated Timberの略称で、板の層を各層で互いに直交するように積層接着した厚型パネル。日本農林規格（JAS）では直交集成板）利用の促進、バイオマス

（生物資源（bio）の量（mass）を表す概念で、再生可能な、生物由来の有機性資源で化石資源を除いたもの）燃料利用の促進や高層建築への木材利用に関する提言は、森林資源の浪費へとつながる恐れがあると思えてならない。

このことについては、現在はかつてと比較すると、育林への認識は高まっているとの反論があるかもしれない。とはいえ、際限のない木材利用の普及と促進は、歴史的にみれば、常に資源の枯渇につながっていることも事実である。木材利用の促進にあわせて、森林で木材を育成するサイクルや供給できる木材量と、利用する側の利用品のサイクルや木材需要量との整合性をとることが必要である。そのためには、少なくとも、木材を利用する側に、利用する木材のトレーサビリティー（育てられた場所、何年育った木材か等）が伝わっている必要があるだろう。

そうしたなかで、CLT、バイオマス燃料での利用のようなものは、間伐材や廃材をもとにしてつくられることが理想とされているが、どれだけ整合性がとれていて、トレーサビリティーが確認されているのか、大変な危うさを持っているように私には思える。

この点でいえば、住宅に限らず、建築物については、新築や改修時に新たに使う建材が環境に与える影響はもちろん、壊したり、廃棄したりする時の、「資源循環」や「持続性」への影響についても、3R（リサイクル、リユース、リデュース）がうたわれるようになって久しいが、より厳格に見直す必要があるように思われる。

「資源循環」や「持続性」への注目も、フロンティアであろうとするあまり、都合のよい解釈のところばかりを強調することに終始してしまってはならないと、自らを戒めたい。

第 IV 章

健康な住宅、健康な都市のありよう

岩前 篤（近畿大学 教授）

1．健康な住宅・まちづくりのためのＩＯＴとは

昨今、ＩｏＴ（モノのインターネット Internet of Things）が時代のキーワードの一つらしい。私のところにもＩｏＴを積極的に取り入れる住宅についての相談が舞い込む。話を聞いて率直に思うことは、一般居住者にとって、それほど身近ではなく、技術としても奥が深くないということである。八〇年代終盤だったか、かつてのＨＡ（ホームオートメーション）の騒ぎに似たものを感じる。「さまざまな家電の規格を統一し、情報・制御を一括することで夢の生活が送れます」、まだ若かった自分にはバラ色の未来を感じさせるものがあった。しかしながら、その夢は家電会社の独自規格による消費者囲い込みの波に飲み込まれ、ホームアメニティと名を変え、いつの間にか消えていった。情報通信の相互変換が格段に容易になったいま、かつてのようなことは起こらないかもしれないが、ＩｏＴが同じ轍《てつ》を踏まないことを切に望む。

ただし、ＩｏＴが住まいに入ってきて、どういうメリットがあるのか、まだあまり理解できていない。ＨＡとの大きな差異として、人の生活がビッグデータの世界に転写・蓄積され、人の振る舞いの詳細が数値化されることにより、新しい商品や技術の開発が期待される点は大いに評価するが、一居住者の日常生活としてのメリットはあまり感じない。

この一年ほど前に家族に加わったトイプードルが留守番の間にする排泄物をＩｏＴが自動的に処理してくれるようになったら、その時は大いに評価する。太鼓判を押す。そうなるまでは日本の都市・住宅業界

は、まだ解決していない大きな問題に取り組むべきであると思う。

大きな問題、それは車への依存をやめようとしない都市のありようと、住宅内の低温による健康障害の大きさである。より根本的な問題は、五分歩く代わりに車に乗り、熱中症の増加など、夏こそ健康障害であると信じて疑わない我々の現代社会のメンタリティである。

車依存は世界の先進社会のほとんどに共通する。このことが日常の運動量を低下させ、また、人びとのコミュニケーションの場を奪っている。健康なまちづくりのためには、まずは歩いて暮らせる街をいかに実現するかにかかっている。これは欧米と共通の課題である。二〇一六年、私にとっては驚異的な研究成果が発表された（文献1）。都市の規模とそこに住む人の日常歩数との関係を扱うものであるが、都市の規模が小さいほど、端的に表現すれば「田舎にいくほど」歩数が減少しているのである。不便なはずの田舎で歩数が減少する、ということは田舎ほど車への依存度が高まっている、ということである。私の周囲でも東京に出張に行くと歩き疲れるとよく聞く。普段、マイカーでほんのわずかな距離でも移動することが完全な日常になっていることがよくわかる。

もう一点、我が国独特の問題として、実は日本の住宅は健康さという点で欧米より格段に劣っている。大草原に暮らすモンゴルの遊牧の人びとの方が健康な暮らしをしている。自然との距離感とか、水・空気の綺麗さ、ということではない。温度の低い暮らしを良しとしていることが大きな問題といえる。

あくまで主観であるが、声の大きいアグレッシブなリーダータイプには汗かきが多いように思う。冬でも汗をかいている。こういう人はしぜん、夏の暑さが苦手である。冬は気持ちよさそうである。こういった人を中心に、夏の暑さが大問題で、冬の寒さは少し我慢すれば耐えられる、という意見が社会全体の考えを代表するようになっている印象がある。

この夏も、異常高温による（これは物理的に正しかった）熱中症の増加が問題とされた。正確には、熱中症の疑いのある人の増加であり、そういった人びとが早期に救急搬送されたため、結果的に熱中症と判断された人、あるいは熱中症で本格的な身体ダメージを受けた人が増加したかは実はまだはっきりしていない。

ただ、メディアも熱中症の話題が大好きである。連日、昼夜を問わず報道される。人びとは夏が過ぎたことで安堵を覚え、冬の寒さをどのように耐え忍ぶか、少しの覚悟をするが本質的な改善を行おうとする人は少ない。

これら二つの点がいかに問題であるかをこれから詳述する。

2．脱車依存社会の試み――御堂筋をセントラルパークに

アンチエイジングの観点からは、日常の歩数は多いほどよい結果をもたらす。車依存は健康阻害であることは常識であるが、田舎を中心とした世の中は依存度を増々強めている。

そうした状況の中で、バブル期に膨張した衛星都市のさらに膨張した衛星集落を維持できる余力のある自治体はほとんどないと思われる。コンパクトシティに向けてようやく重い腰を上げかけたところであるが、果てしない重荷を抱える行政担当者にとっては一つの光明がさしてきている。

車の自動運転技術の進展である。車業界は、車のＥＶ化とＩｏＴ化から、自動運転が車の存在自体を変

える大きな手段と位置付けている。面倒なコンパクトシティにもする必要がなくなる、と地域行政でも期待される声がある。採算度外視のコミュニティバスを走らせる必要もない、AI制御の自動運転車に行き先を告げるだけで、いつでも好きなところに運んでくれる。高齢者の免許更新問題も解決する。まさに夢の技術である。日本より進む車超依存社会のアメリカで必死に開発を進めるのは誰にでも理解容易である。

しかし、社会の利得と個人の欲求・利便性を共に満たす自動運転技術であるが、唯一、かつ重大な問題は、人びとの日常に不健康をもたらすという点である。

医療費の高騰に悩むのはわが国だけではないが、日本は特に治療のコストが大きく、その抑制は必達である。しかし、目先の利便性と容易なマネジメントから自動運転車による社会に向かう可能性が高い。

都道府県別の一人当たりの医療費のデータにも興味深い傾向が表れている。東京を中心にほぼ同心円状になり、遠くなるほど医療費が高くなっているのである。さまざまな要因があるが、この日常歩数も無関係ではないと個人的には考えている。

人をいかに歩かせるか、歩いて暮らせる社会の実現が必要であり、歩かなくても暮らせるという答えは人の健康の観点では真逆である。公共交通のバスを自動運転化し、たとえば二四時間走らせる、これは大賛成である。ただし、これもバス停までは歩くようにしなければならない。

次の策として、日常の軽運動をいかに増加させるかを都市の基本的課題に置くことが都市レベルでの健康増進の重要な対応となる。決して医療施設を駅前に集約することではない。

こういった中で、大阪に住む著者は「御堂筋のセントラルパーク化」を訴えたい。

大阪市内を二分するキタとミナミの二大拠点を結ぶ一方通行五車線の御堂筋は現在の大阪市内交通の要であるが、一方で、車線を優先する構造のため、キタの梅田駅から次の駅の淀屋橋まで歩く人も極端に少ない。歩道が複雑で、ビルの中を上がったり下がったり、まさに都市迷路を抜ける必要がある。大阪市・大阪府は淀川の支流で大阪市内を東西に流れる大川に浮かぶ中之島の都市整備を厚く行った。しかしながら歩行者は少なく、よって、中之島の美しく整備された緑道にも人影は多くない。

ただでさえ緑の少ない大阪の街、当然、ヒートアイランド化も進展し、たった三〇kmの距離の奈良市と五℃の温度差を記録している。

人びとの健康のためには、いまこそ、御堂筋を全面的に公園化し、観光客や周囲のオフィス街のワーカーが気楽に軽運動を楽しめる場所とすることがこれからの健康都市にふさわしい。

二〇二五年万博で健康をキーワードにする大阪、それが筆者の悲願である。

3．低温は万病の元

(1)「快適」とは

住宅は快適さが求められる。快適な住まい、が良い家のキャッチフレーズとして頻繁に使用される。おそらく八〇年代から日本のほとんどの暮らしにかかわる産業において「快適さ」がアピールされるようになった。快適な車、快適な社会、快適な家。そのころに鉄骨系の住宅会社に勤務していて、伝統木造住宅の作り手と論争をしたことがあった。驚いたのは、お互いに自分のつくる家こそ、より快適と断じていたことであった。その経験から、住宅の評価に「快適」は適切ではないと思うようになった。

建築環境工学の専門分野では、熱的快適性という。ただし、暑くも寒くもない、「不感」状態が理想としている。英語でもcomfortとthermal comfortは別となっているが、何も感じないことを快適と表現することがこのテーマを根本からこじらせているように思う。一部の研究者の間では、不感状態からの変化を動的なpleasanceとして表現しようとするスタンスがあり、心情的にはこのスタンスに同意しているが、一般的な快適性の定義は変わらない。

ところが、建築家や一般の人びとが使う「快適」は明らかに意味が異なる。端的に表すと「ここちよさ」である。蒸し暑い中で長い我慢の後でわずかに吹き抜ける風の清涼感！ 自然の気持ちよさ！ といった表現である。温熱快適性の研究者は、頭から言葉の意味が違う、同じにして欲しくない、という反応を続けているだけのように思う。そんなことを含めて、筆者は住宅を「快適」で表現することに無力さを感じ、不適切であると思っている。

蛇足ながら、快適と健康を同一視する考え方に疑念を表する。快適であれば健康になる、というのは単なる願望、思い込みではないか。確かに快適であることが健康の第一歩かもしれないが、喫煙行為のように、快適と健康がまったく異なる場合も存在する**【図1】**。

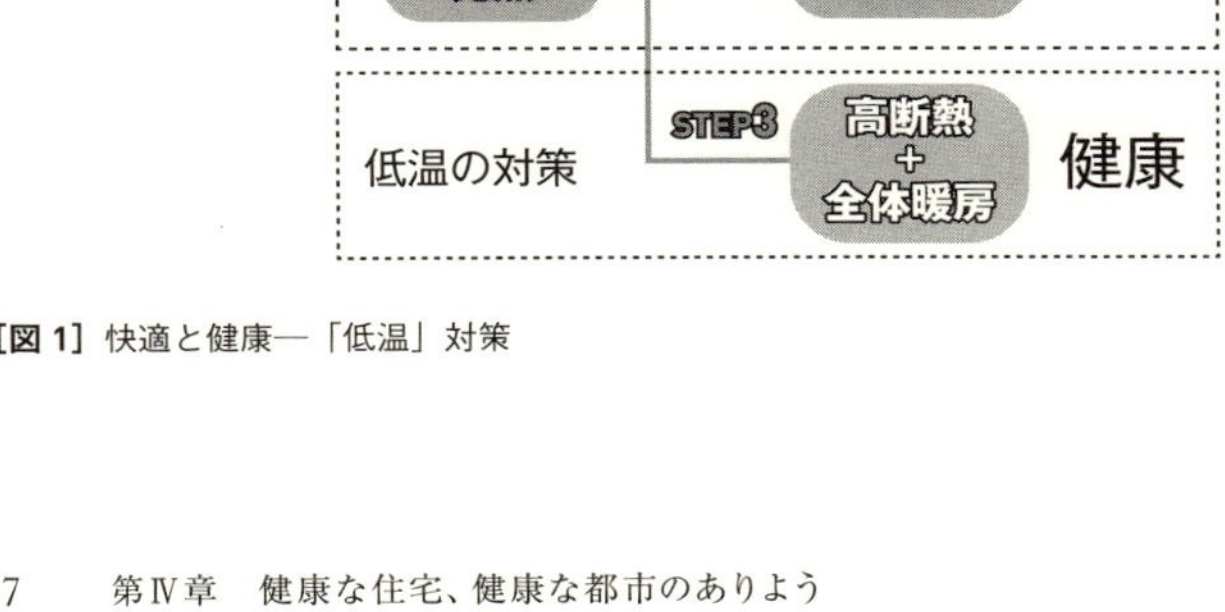

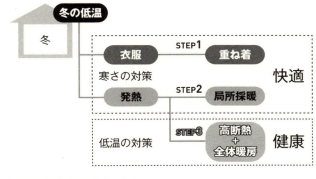

［図 1］ 快適と健康──「低温」対策

(2) 住宅の断熱と健康改善

九〇年代くらいから、欧米にならった高断熱の住宅を建設している工務店・ビルダーの方々から同じようなエピソードを聞いていた。「うちの住宅に住んだ人は元気になる」と。本当にそうなのか、本当だとしてどの程度、そうなるのか、興味を持っていた。一〇年ほど前、医療の専門家と協業して住宅を考える機会があった。そこでこのことについて考えた。

いろいろ考えた結果、二〇〇人ほどの、近しい人たちを中心に、家が変わることで体調がどのように変化したかを訊くアンケート調査を実施した。ほとんどの人は変化なしであったが、いくらかの割合で、症状が出なくなった人がいた。規模を一〇倍に拡大して行った再調査も同様の結果を示した。これに勇気を得て、国交省住宅局主幹で行っていた「健康維持増進住宅研究開発委員会」にさらなる調査実施を持ちかけた。インターネットなどを通じて二万四〇〇〇人分のデータを得

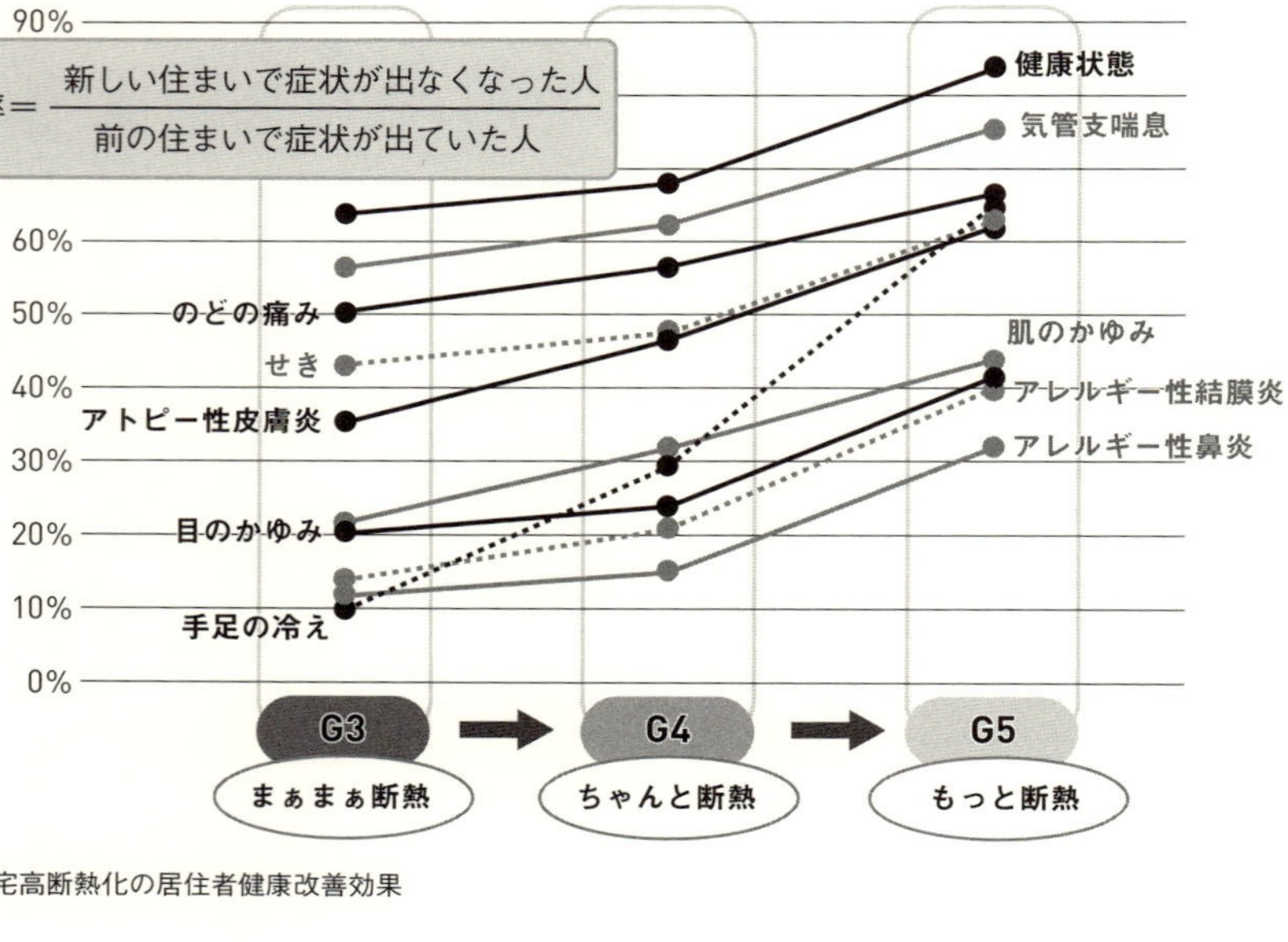

[図 2] 住宅高断熱化の居住者健康改善効果

た。過去八年ぐらいの期間内に新築の戸建住宅に転居した人が対象で、転居前後の諸症状の有無を聞く、というアンケートであった。逆コーホート調査に相当している。

結果、驚くべき事実が明らかになった。明確に、転居後の断熱性が高いほど、諸症状が出なくなった人が増加していたのである【図2】。

以降も同様の調査は続けられ、現在は一〇万人を超える結果が集まっている。が、その結果の傾向は不動である。断熱性が高いほど、諸症状が出なくなっている。

このことから、「低温は万病の元」と結論した。寒さ、ではなく低温である。寒さは人体が低温にさらされていることを心が認識した状態である。寒さを覚えると、ほとんどの場合、何らかの対策を行う。暖房をつけたり、暖かい部屋に移動したり、服を重ねたりする。「低温」は心が認識していない状態である。案外、多い。寝ている間。夢中で本やテレビを見ている時。酔っぱらった時。そういった時に我々は低温に身をさらし、これが健康障害になっている可能性である。

二〇〇九年にWHOは「住宅と健康」という調査報告書を出版している(文献2)。欧州における、とあるが、調査地域を欧州にしているだけで、人は同じである。その中で、健康障害要因として、低温と明記している。

二〇一五年、英国医学系専門誌LANCETに興味深い調査論文が報告されている(文献3)。世界一三の国と地域で、過去七五〇〇万例の死亡について分析した結果、日本の低温による死亡者は年間一二万人と書かれている。高温による方はその三三分の一である。

実際、日本人は冬季に最もたくさんの人が亡くなっている。心臓発作や脳出血のような循環器系だけではない。ヒートショックによる死亡者が一万人を超えるという推測が発表されているが、これはあくまで循環器系で亡くなった人びとのデータにのみ基づいている。その他多くの病因でも、冬季に増加しているが、その理由を明確に説明できる医療の専門家にはまだ会っていない。

4.「住まいは夏をむねとすべし」の正しい理解——季節と死亡率

つい先日も、東北の一部の地方では寒さを我慢することが、その地域の美徳とされているとのレポートを見た。東北の一部だけではないように思う。筆者の暮らす関西でも普通の考え方であろう。

かつて、伝統木造住宅に暮らす方に言われた。仮に暖かさが大事だとしても、だからといって住宅に手を加える必要はない、服をたくさん着れば解決する。それが日本人の知恵だといわれた。

このことは永い間、筆者にとっての大きな命題であった。確かに服を着れば解決するのであれば、住宅に断熱材などを張り付ける必要はない。

しかしながら前述の調査の結果、わかったことは厚着で解決しない低温の影響がたくさんあるということである。

着衣に覆われた部位を局所的に高温化することはできても、剝き出しの部位は低温のままである。

皮膚炎は着衣の接触に起因することも多いらしい。特に、靴下の口ゴムや下着のゴム部はふだん問題のない人でも乾燥の進む春先には皮膚のただれをもたらす。

最近では、低温の床に足裏が接触することにより、瞬間的に血圧が増加し（サージという）、その影響が数時間残ると聞いた。稲妻の一瞬の光の中には、空と地上の間の数度に及ぶ電気の往復がある。血圧サージも同様で、一度発生した高圧は血管を通じて全身を駆け巡り、脳や心臓、毛細血管などで弱くなっている部位に耐えられない圧力をかけるとのことである。

こういった低温の悪影響をできるだけ少なくするためには、やはり、空間自体をある程度、高温化することが重要であろう。

先に冬季の死亡者が増加していると書いた。では、昔はどうだったのか、わが国の過去のデータを遡ってみた。最も古いデータが一九一〇年に残されていた。明治四三年である。そのデータでは驚いたことに、八月が最も多くなっていた。いまとは真逆で六月から上昇し、八月をピーク、九月に下がり始める、という結果である。

それからの経緯を時系列で追うと、全体には夏に亡くなる人が減少し、冬に亡くなる人が増加していることがわかった【図3】。

兼好法師は鎌倉時代に徒然草の中で「すまいはなつをむねとすべし」と書き残した。いまでもこれを金科玉条のご

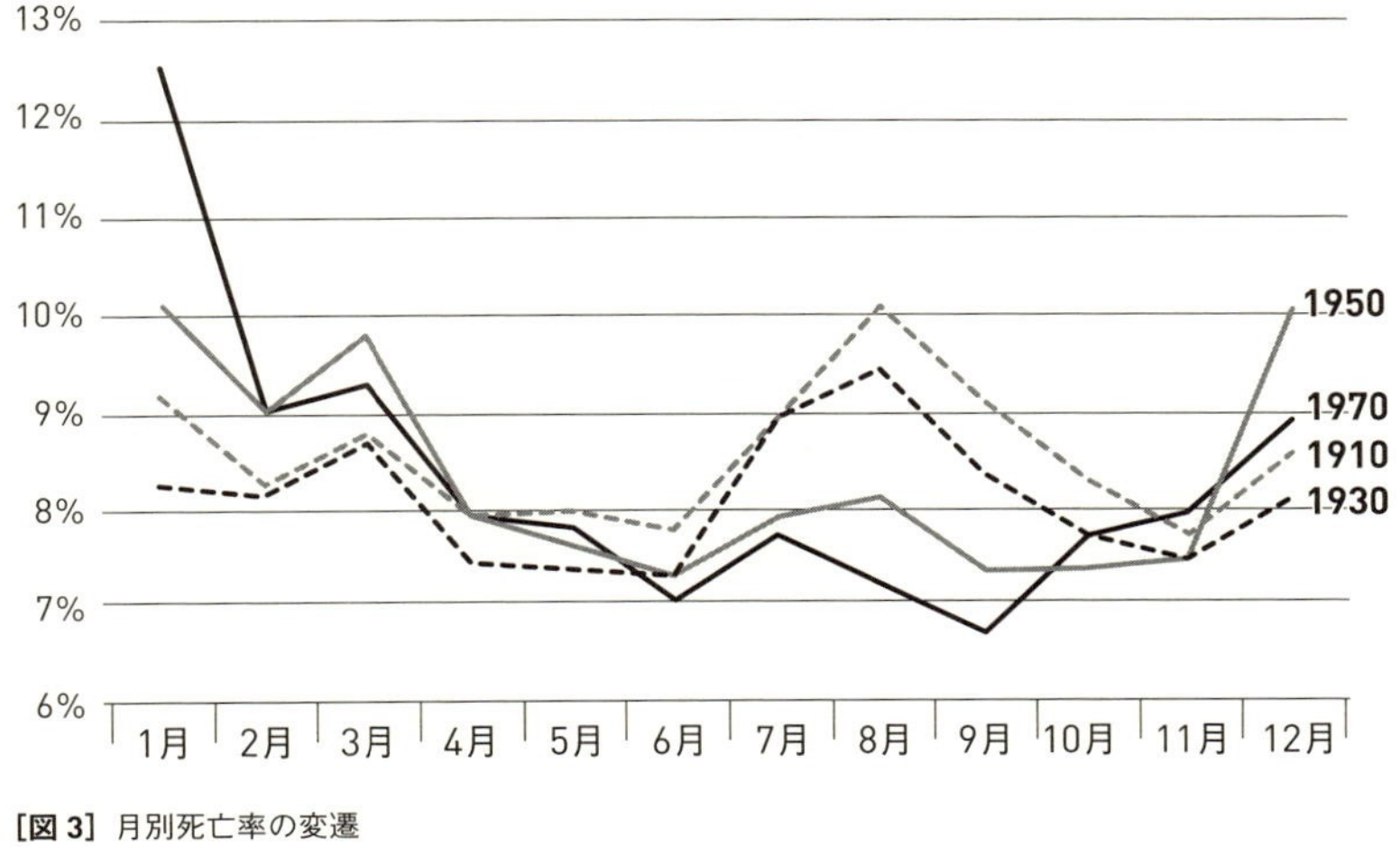

【図3】月別死亡率の変遷

とく奉げる人も少なくない。特に木造住宅の関係者に。

兼好法師が存命の頃は、夏にたくさんの人が亡くなっていた。ゆえに、そのころはこれが正しいと思う。いまは真逆である。状況の変化を顧みず、過去の知見にこだわることこそ、兼好法師が最も嫌った生き方ではないか。

いまは「冬を旨とすべし」時代である。

5. 住まいが変われば暮らしが変わる、街が変わる——豊かな住まいとは

二〇一七年の一一月から、実際に高断熱住宅に暮らす家庭を訪れ、そのような住まいに暮らして生活がどのように変化したかを調べている。三〇件ほど、東北から九州まで訪れた。そこで全く予想していなかった多くの知見を得ている。

入浴時間が変わった家庭がある。正確には入浴のタイミングである。以前の寒い家では、誰かが入った後、湯が冷めやすいので、そうならないように連続して風呂に入る。省エネには効果的であるが、そのために友達とLINEできない、家事の手が止まる、TVが生で見れない。さまざまな面倒さがあった。高断熱住宅に転居後、お風呂が冷めなくなったので、いつでも入りたいときに入れるようになった。ほかの家族の動向を気にする必要がなくなった、という。

家の中の居場所が変わった家庭がある。以前の寒い家では、リビングの炬燵がすべてであり、どのよう

なコンディションでも、嫌な時でも炬燵に入らざるを得なかった。転居後は、それぞれの居場所を見つけた。父親は一階のリビング、母親は二階のダイニング、子どもはそれぞれの居室。それで家族の仲が悪くなった、コミュニケーションが疎遠になったか、と問うとまったくそうではない、むしろ以前より仲良くなったと。常に顔を合わせているからといって、始終、喋っているわけではない。自分の居場所ができることで暮らしに余裕ができ、その分、家族にも気を向けることができると。

二〇歳の老猫が暮らす家があった。以前の家では炬燵周辺から動くことなく、食事の量も減ってお別れの日が近いように感じていた。転居後、階段を上り下りするようになった。お客がくれば興味をもって見に降りてくる。その日もその猫はゆっくりとだが、上から降りてきて調査に訪れた私たちの顔を一瞥した。豊かな住まいとは、高価な調度品に囲まれた家ではない。雄大な眺望に恵まれた家でもない。まして、地震に強い、ＩｏＴに支えられた、自然素材で構成されている、そんな家ではない。本当に豊かな住まいは暖かい。

寒さは精神で克服することはできるが、無意識の低温は精神で克服できない。低温の健康障害をしっかり認め、これの本質的な対策を行い、家族の幸せを考えることがいまこそ重要と考える。

二年前の夏、知人の案内でモンゴルの大草原を訪れた。草の上に生まれ、草の上で暮らし、草の上で死んでいく遊牧の民の暮らしを垣間見た。伝統的な暮らしを行う遊牧の民であるが、現在のテクノロジーを却下、あるいは無視しているわけではないことも学んだ。ゲルの外被には厚いフェルトが断熱材代わりに用いられている。ゲルの中には冷蔵庫が置かれている。草原に電線は通っていないにもかかわらず。風力発電のプロペラと太陽電池パネルがゲルの横に鎮座していた。伝統的な暮らしも続けている。冬季は一晩中、ゲルの中では暖房を続けている。したがって、ゲルの内部の温度は結構、高い**【写真1】**。

就寝時、暖房を切って低温空間で寝ている人は日本では普通であるが、日本以外ではレアであるといえる。すべてにおいて世界の中で先進的なわが国で、住宅内の温度は明らかに後進である。健康な住まいを考えるときに、まずは低温対策。これが最重要である。

冬、暖かい家に住み始めた家族では、外に出ることが多くなった人が目立っていた。基本的な性格の影響が大きいと考えられるが、暖かい家に住むことでアクティブな行動をとることが多くなる可能性がある。これは街にも人影を増やし、活性化する一助となることも期待される。

快適性の定量化は難しく、気持ちの問題として経済原理に勝つのも難しいが、日常の健康性は治療費や薬剤費などに如実に表れ、数量化は難しくない。街・都市のありようを、日常の健康性から見直すことはそれほど困難ではない。

これにおける建築の関与部分は小さくない。快適ではなく、健康にもとづく建築のありようがこれからの社会にきわめて重要と考える。

[写真 1] モンゴル草原の一軒のゲル

【参考文献】

（1）井原正裕、他「都市規模による歩数の違い——国民健康・栄養調査2006-2010年のデータを用いた横断研究」『日本公衛誌』第六三巻第九号、二〇一六年九月。
（2）Ormandy, David. *Housing and Health in Europe: The WHO LARES Project*, Routledge, 2009.
（3）Gasparrini A. et al. Mortality risk attributable to high and low ambient temperature: A multicountry observational study, www.thelancet.com Published online May 21, 2015 http://dx.doi.org/10.1016/S0140-6736(14)62114-0.

第V章

都市への権利

岡部 明子（東京大学大学院 教授）

1．フロンティアは途上国都市のスラム？

途上国都市人口の三〇％、世界で八・八億人がスラムに居住しているといわれる（UN-Habitat 2016：文献10）。サハラ以南アフリカでは今日でも都市人口の過半がスラムに居住している。途上国都市のスラム人口は、その比率において漸減傾向にあるとはいえ、絶対数は過去二四年間で二八％増えている**【図1】**。世界の人口爆発が収束に向かうのに比して、スラム人口は今後も趨勢《すうせい》では増え続ける。

「都市に流入する人たちには、十分な雇用も住宅もない。彼らは定着する場所を自力でなんとか確保する」（Saunders 2010：文献8）。こうして都市に、安定した仕事のない人たちが自力建設した住居の集まるスラムが増殖していった。スラムには貧困層が必然的に多く暮らしている。また、スラムで生まれ育った子らの将来のために、親の家を増築したりして暮らし続けるため、スラムは高密度化して環境が一層悪化していく。地球規模

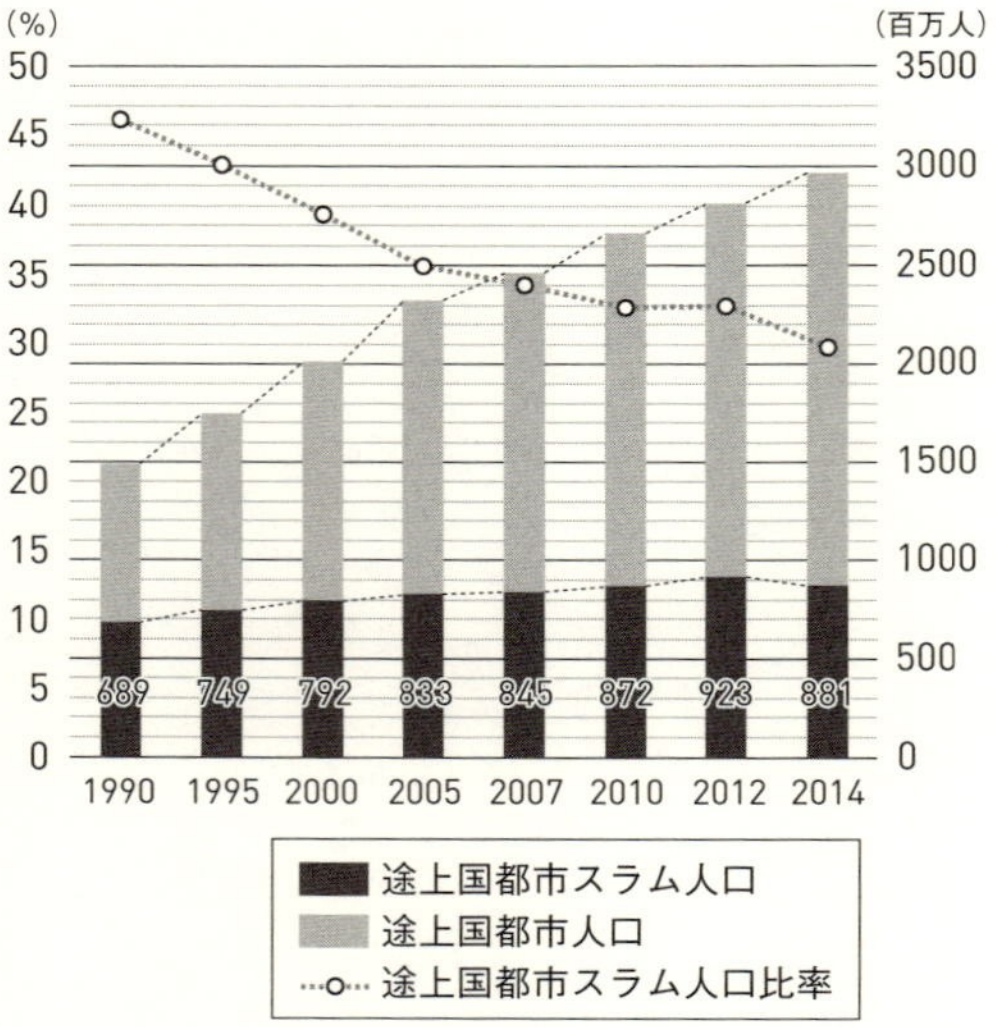

［図1］ 途上国都市の人口、スラム人口およびその比率
国連データを元に作成

で見て、住宅問題が最も先鋭化している場所である。

国連で合意された一七の持続可能な開発目標SDGs※1【図2】の目標11「住み続けられるまちづくりを」の第一のターゲットには「二〇三〇年までにすべての人びとに、適切、安全かつ安価な住宅および基本的サービスへのアクセスを確保し、スラムを改善する」と掲げられている。目標の達成度を測る指標は、「スラム、インフォーマル居住地区、不適切な住居に住む都市人口の割合」である。二〇三〇年までに、スラムのない、誰もが〈住居への権利 right to housing〉※2を享受できる世界を目指す意志が示されている。

八年ほど前に、私は、インドネシアの首都ジャカルタ中心部の高密度化した劣悪な地区チキニ【写真1】を偶然訪れて以来、ここを建築まちづくり実践活動および研究のフィールドとしている（村松ほか編 2017; 雨宮 2017：文献16・25）。都市計画上は存在していない地区であり、地区にある土地と建物は、現行法制度に基づいた土地所有でもないし、建築物でもない。世界のスラムを

[図2] 17の持続可能な開発目標　出所：http://www.unic.or.jp

※1 Sustainable Development Goals, 2015.

※2 日本では、一般的に「居住の権利」といわれる。本稿では、人が住まう物理的な場所という観点から「住居」という用語を基本的に用い、住機能を備えた建物を、市場が供給、あるいは政府が提供する対象としてとらえている場合に「住宅」としている。

[写真1] チキニ地区、ジャカルタ中心部
高密度化して劣悪な環境にある

[写真2] 「ルマ・ピンタール」2013年
チキニ地区にコミュニティと建設した子ども
共用勉強部屋

足で歩いたジャーナリストのニューワースが「シャドーシティ」と名付けた、インフォーマル居住の状態である(Neuwirth 2004：文献4)。住人たちの自治でマネジメントされているから、環境改善を実現するには、住人たちが納得して自ら行動してくれるようにもっていくのが近道であり、それ以外に道がない。そこで、小さくても何かを実現させるプロジェクトを住人の自治組織と協働して行なってきた。子どもたちの共用勉強部屋となる小さな建物「ルマ・ピンタール(スマートハウスの意)」を新築した**【写真2】**。共用トイレの改修と合わせて上階に青年会の集会室を増築した**【写真3】**。これらの建物に、狭小の住居がひしめく環境で、通風と採光を一軒一軒から改善できる「環境ヴォイド」のアイディアを込めた**【図3】**。インフォーマル地区では、建物を建てるには住人たちの合意が必要だ。コミュニティの承認を得るのは簡単ではないが、現行法制度の枠内での手続きとは無縁だ。

チキニ地区には、三〇~四〇年前から住んでいるという長老が複数いる一方で、人の入れ替わりも激しい。新たに流入してくる人たちは、先にチキニに入った親戚や同郷の人を頼り、まず彼らの家に厄介になる。こうしてスラムは、都市に新たに流入してくる人たちにとって、さしあたり受け皿になっていく。しかし、いつ政府による強制収用や民間開発による立ち退きにあってもおかしくない。ジャカルタ特別州当局は「スラムゼロ」を政策に掲げている。

ＳＤＧ11を達成すべく、〈住居への権利〉を誰もが

［写真3］共用トイレ＋集会室　2015年　チキニ地区

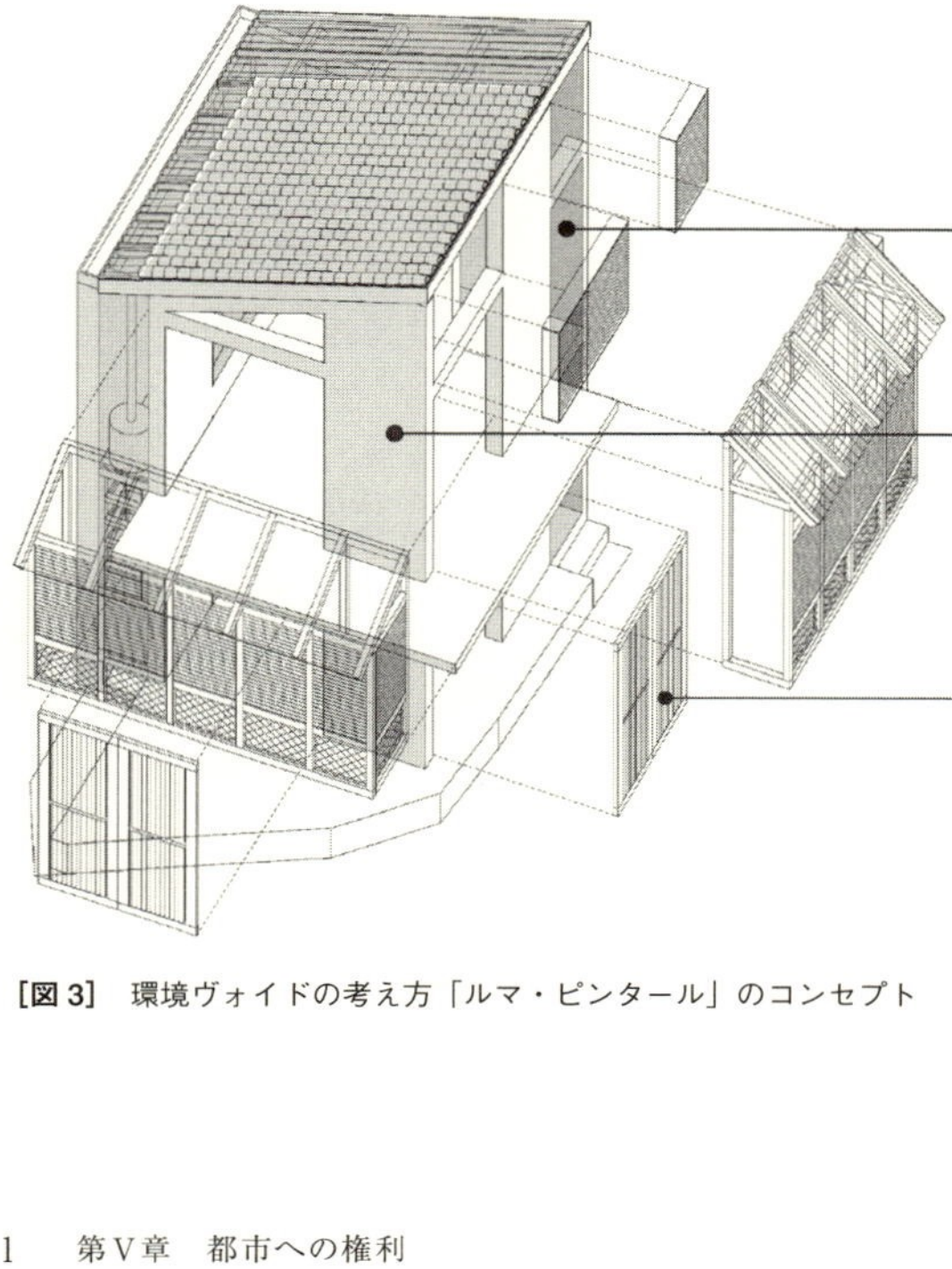
環境ヴォイド
通風・採光を確保する細い隙間
スケルトン（躯体）
容易に改変できない堅牢な軀体により、「環境ヴォイド」を担保
スキン（外皮）
コミュニティのセルフビルドまかせで、時期や用途に応じて自在に改変可能

［図3］環境ヴォイドの考え方「ルマ・ピンタール」のコンセプト

享受できるようにするためには、劣悪な住居はあってはならない。撤去されなければならない。そうすれば、SDG指標のスラム人口比率を下げることに直結する。ところが劣悪な住居の撤去が、都市への流入者の居場所をかえって奪い、SDG11に掲げられた本来の目標である「誰もが住み続けられる都市」を脅かす事態を招いている。なによりもまず、いまの場所で住み続けられることが保障されなくして、その場で住環境改善するのか、あるいは主体的に再居住先に移転するのかという選択肢すら見えない。〈住居への権利〉の保障以前の課題である。そこで、スラムの住人たちの権利をも守る楯として持ち出されるようになったのが〈都市への権利 right to the city〉である。居住の文脈では、〈都市への権利〉は、〈住居への権利〉を享受できる対象の拡張の意味合いを持っている**[図4]**。本章では〈都市への権利〉を主題として、住宅研究のフロンティアについて考えてみたいと思う。

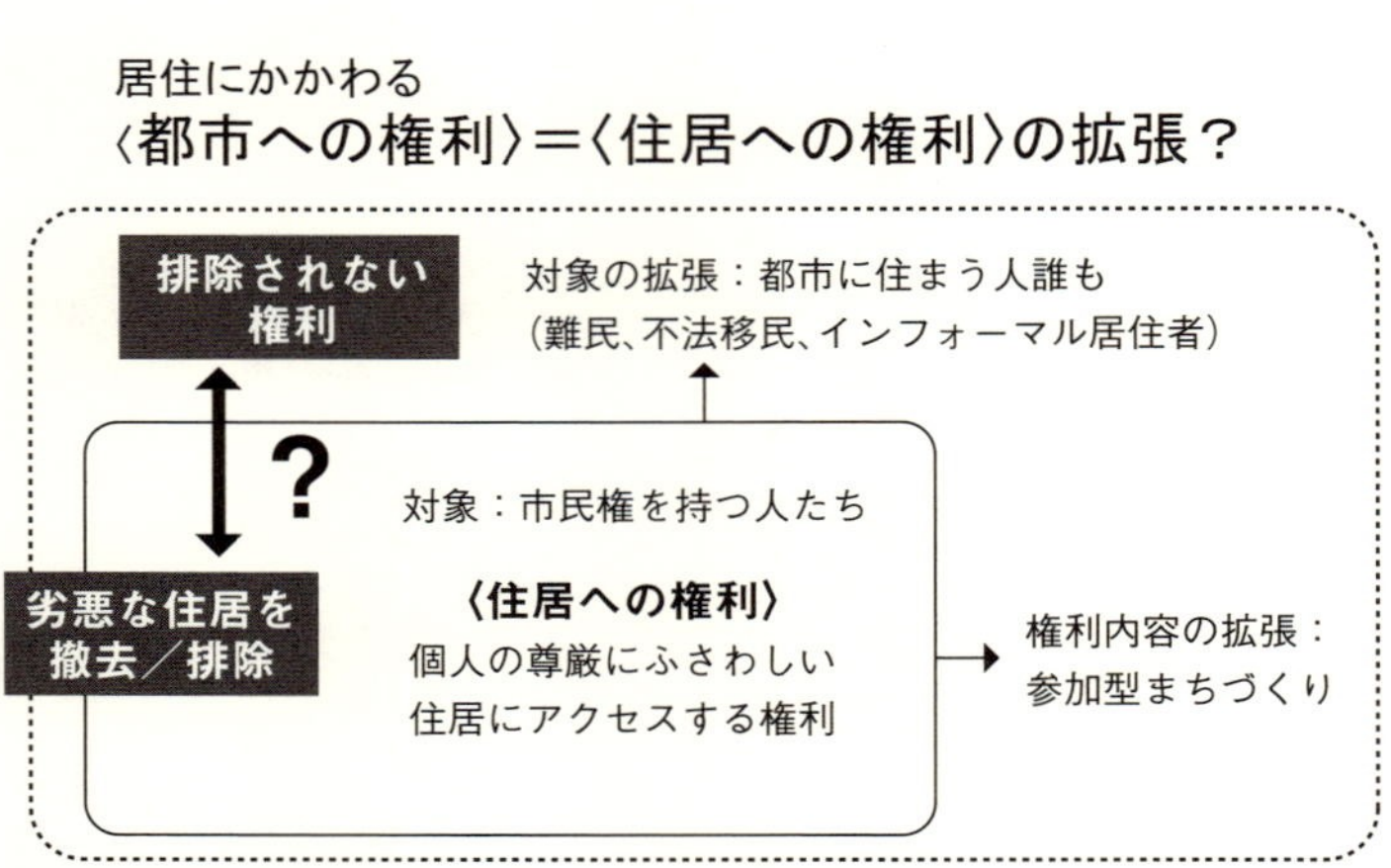

[図4]〈都市への権利〉は、〈住居への権利〉の拡張の要求を含んでいる

2. 二〇一六年国連「新都市アジェンダ」と〈都市への権利〉

二〇一六年、第三回国連ハビタット会議※3が南米キトで開催され、「新都市アジェンダ」【図5】が採択されたが（United Nations 2017：文献9）、専門家グループによるテーマ別提言作成の段階で私は一メンバーとしてかかわった（岡部 2017b; c：文献19・20）。「新都市アジェンダ」がまとめられる過程で、最大の争点となったのが、〈都市への権利〉であった。総論を担当した専門家グループのユニットが、〈都市への権利〉という文言を中核に据えた提言を示したのが論争の発端となった。同提言では、〈都市への権利〉を「現在および将来の居住者誰もが、生活の質にとって本質的な共有財である持続可能で包摂的な都市に居場所を持ち、公平に都市を使用し生産する権利」と定義している。

「都市を使用し生産する権利」という文言には、都市社会学者のH・ルフェーヴルが一九六八年に著わした『都市への権利』【図6】を敷衍した考え方であることがうかがえる。当時、ルフェーヴルの〈都市への権利〉は、社会的実践を特徴とし、「空間の社会的生産が社会を変革する」というメッセージを含意していた。社会変革を求めて、街路や広場で集団的に行動を起こす市民の拠りどころとなり、学生運動が世界中に伝播していった。〈都市への権利〉は、体制側が反体制の社会運動をストリートから排除しようとするのに抗う根拠を与えた。公共空間への信頼に支えられた、人びとがストリートから排除されない権利で

※3　一九七六年国連ハビタット会議（バンクーバー）で、人間居住宣言が合意され、国連人間居住計画（ハビタット）が設立された。以後、二〇年に一度の国連ハビタット会議を開催してきた。

ある。
〈都市への権利〉が、半世紀を経ていま、居住の文脈で、再びグローバルな論争の台風の目となっているのは、人びとが排除されない権利という性格ゆえである。途上国都市の自然増殖するインフォーマル居住地区の住人たちが切実に求めているのは、いま居住している場所から排除されない権利である。

今日、〈都市への権利〉への共感の渦を世界的に拡大していく上でカリスマ的存在となっているのが、都市地理学者のD・ハーヴェイである。ハーヴェイは、資本主義経済が都市を呑み込んでいくことに対して、ルフェーヴルと共通の危機意識を抱き、商業主義がますます都市を席巻し格差拡大する現代都市における市民抵抗運動の拠りどころとして〈都市への権利〉を提示した（Harvey 2008：文献2、ハーヴェイ 2012：文献13）。ハーヴェイの思想は、中南米諸国において先住民の抵抗運動を勇気づけるものにもなっている。

〈都市への権利〉は、メキシコやブラジルをはじめラテンアメリカ諸国にとっては、すでに都市問題と取り組むにあたり拠りどころとなっている考え方である。ブラジルは、二〇〇一年憲法に〈都市への権利〉を明記している。都市への権利世界憲章は、二〇〇四年キトで開催されたアメリカ大陸地域社会フォーラ

［図5］ United Nations, *New Urban Agenda* (adopted at Habitat III on 20 October 2016), 2017. の表紙

［図6］ H・ルフェーヴル、森本和夫訳『都市への権利』（筑摩叢書、1969年）の原著（1968年）の表紙

ムに次ぎ、同年バルセロナの世界都市フォーラムで調印されている。中南米で初めて開催されるハビタット会議に向けて、中南米諸国が〈都市への権利〉を核に高まりを見せたのは自然な流れだった。

他方、途上国のなかでインドネシアやインドなどアジアは総じて消極的だった。アジア・アフリカの途上国都市では、インフォーマルな居住状態にある人たちが過半を占めている場合もめずらしくなく、彼らの〈都市への権利〉を無条件に保障するわけにはいかない事情があった。

また、先進国が、途上国以上に過敏に反応した。アメリカ、ＥＵなど、影響力の強い国が否定的な見解を示し、これに日本も同調した。ＥＵは難民受け入れを巡って論争が起きており、移民に開かれている伝統のあるアメリカでも風向きが変わってきていることが背景にあったといわれている。難民や不法移民が〈都市への権利〉を主張できるとも解釈できるからである。〈都市への権利〉は、必然的に難民や移民問題へのオルタナティブなアプローチをも投げかける。

ハビタットⅢ会議を四か月後に控えて提示された新都市アジェンダのゼロドラフトでは、渦中の〈都市への権利〉は、すでに「一部の国や地方では〈都市への権利〉ともいわれている」という表現にとどめられ、〈みんなの都市 cities for all〉が宣言の中核に据えられていた※4。それでも、本会議二か月前に開催された準備会合では、〈都市への権利〉をめぐって議論が紛糾していた。

※4　Habitat III Zero Draft of the New Urban Agenda (2016/05/06).

3.〈都市への権利〉と日本

日本は、移民の受け入れに慎重で、難民問題にも積極的な役割を果たそうとしてこなかった。島国であるということも幸いし、結果的に多様性と切り離すことのできない社会的混乱に他国ほど悩まされていない。途上国のように、あるいは終戦直後の日本のように、都市外から流入する人たちが押し寄せ、インフォーマル居住地が増殖するような事態にはない。また、一九六〇年代末、日本の学生運動は、ストリートの社会的実践が社会を変革するに至らなかった。したがって、新都市アジェンダで合意しようとする過程で噴出した〈都市への権利〉論争自体に無関心だった※5。

では、日本の都市は、〈都市への権利〉をわざわざ俎上に上げずともいいような幸せな都市なのだろうか。否、日本でも居場所を見出せない人たちが社会問題となっている。〈都市への権利〉は、排除されない権利、すなわち誰もが都市に居場所を持つ権利である（岡部 2017c：文献20）。

生活が格段に便利になったいま、私たちは、大家族やコミュニティで支え合わずして暮らせなかった時代を脱し、鬱陶しい血縁・地縁から自由になった。そして、念願のプライバシーの守られた豊かな社会を手に入れた反面、今度は居場所がないことが深刻な社会問題としてのしかかっている。いつも競争にさらされ、小さな挫折からあっという間に疎外され孤立していく不安を誰もが抱いている。二四時間回り続ける都市の歯車に組み込まれ、普通の時間に家族と食卓を囲めない子どもが増えている。コミュニティキッチン、子ども食堂、認知症カフェなど、ひとり親世帯や不登校の若者、移民の子弟、育児に悩む親、障がい者や高齢者、介護に悩む人たちの居場所をみんなでつくろうとする草の根の運動が各地で起きている。

H・アレント（アメリカの哲学者・思想家）の言葉を借りれば、〈都市への権利〉は、「他者を見聞きし、他者に見聞きされる」こととかかわる（アレント 1958：文献11）。ラテンアメリカ都市の広場では、陰影の際立った空気の中、木陰のベンチには肩を寄せ合ってびっしり人が座っている。老若男女、先住民系の人もいればヨーロッパ系の人もいる。特段話もせず、ぼんやり広場の光景を眺めて一時間でも二時間でも時間が過ぎていく。煎りトウモロコシやアイスなど物売りの売り声が哀愁を帯びて響き、ちょっと気の狂《ふ》れたおじさんが社会問題を悲観し、道行く人に演説をぶっている。こういう空間なら、高齢者でも障がい者でも、他者の目に自分の存在がしっかり留っていることを実感でき、広場にしばらく座っているという日課が続けられる限り、心穏やかに暮らしてゆくことができる。誰にでも居場所のある都市の光景である。高齢者にやさしい都市である。

広場に居場所があるという皮膚感覚を持って、H・ルフェーヴルの『都市への権利』（ルフェーヴル 1968：文献15）を読むと、「精神的には同時性を持ち合わせ、社会的には出会いや集合の場としての特徴をもつ」ものを都市的形式とすることに直感的に合点がいく。さらに広場の光景を思い浮かべながら、「都市は作品であり、たんなる物質的生産物（＝交換価値）よりはむしろ芸術作品（＝使用価値）に比するべきもの」といわれると、都市および都市の公共空間は、交換価値に還元しきれない使用価値にかかわるものであることを意識させせられる。

人はなぜ都市に引き寄せられるのか。集積の経済的メリットで説明されることが多いが、これは交換価

※5　政府による新都市アジェンダの日本語訳において、right to the cityは、「都市に関する権利」と訳されている。

値に着目した見方である。誰もがみな合理的判断で都市に暮らしているのではない。使用価値に則してなぜ人は都市をつくるのか問うなら、哲学者のオルテガ・イ・ガセットのいうように「(人は家の中で暮らすために家をつくるが、)家から外に出て、同じように外に出てきた人たちと会うため」(Ortega i Gasset 1925：文献5)である。

他方、日本では、失敗が許されず効率が極限まで追求されていく陰で、都市に暮らす人びとは、暮らしのアソビを削られ、街路や広場や駅は、不特定多数の人たちが忙しなくただ行き交うだけの空間でしかない。巨大都市東京のなかで、新技術の導入や情報の充実で、障がい者や心身ともに衰えた高齢者であってもアクセス可能な空間は確実に拡げることはできよう。しかし、他者との相互認知が叶う空間は、効率とスピードをひたすら求められる都市にあって減る一方である。

途上国インフォーマル居住地に暮らす人たちは、劣悪な住環境にありながらも、大都市を生き抜くために必要に迫られて互助的な社会を形成しており、明日いまの場所を追われることさえなければ、他者を見聞きし他者に見聞きされる居場所を持っている。そう考えると、世界で彼ら以上に居場所がないのは、東京の単身高齢者ではないか。無条件に消費が奨励され経済的に豊かな国日本の、きらきらした首都東京の真ん中で、つつましいひとり暮らしの末、人知れず認知症になってこの世から消えていく人たちのほうが、残酷なまでに居場所を奪われているのではないだろうか。豊かな国の大都市に増える経済水準の低い単身高齢者ほど、都市に居場所を持つ権利を奪われ諦めてしまっている人はいない。

抗うことのできない競争にさらされ巨大都市化していくこと自体が、〈都市への権利〉を脅かしているともいえる。わが国では「高齢者にやさしい都市」への関心が強まっているが、それは、高齢者の〈都市への権利〉を求める切実な声ではないだろうか。〈都市への権利〉は、静かに進み見えない排除に脅かされているわが国大都市に暮らす高齢者たちと、スラムクリアランスで追い立てられる途上国インフォーマル居住地の人たちを、排除されない権利という一つの枠組みで捉えることのできる考え方であり、「誰もが住み続けられる都市」についてグローバルに話し合うには格好の主題である。

4．「住まうこと」から生じる権利

私たちは常識的に、所有のはっきりしない土地に家を建てて住もうとはしない。仮に長年誰も使っていない土地だと知っていても、そこに勝手に住むことはしない。合法的ではないと思っているからである。また、都市計画上の用途地域規制や法的に定められた建築基準を満たす範囲で建てる。そうではないのが、いわゆるインフォーマル居住地区であるが、はたして不法占拠と断罪できるだろうか【図7】。

私たちがフィールドとしているジャカルタのチキニ地区で、七九世帯に土地の所有状況を尋ねてみたところ、現行法制に則って正規に土地を所有している人は、

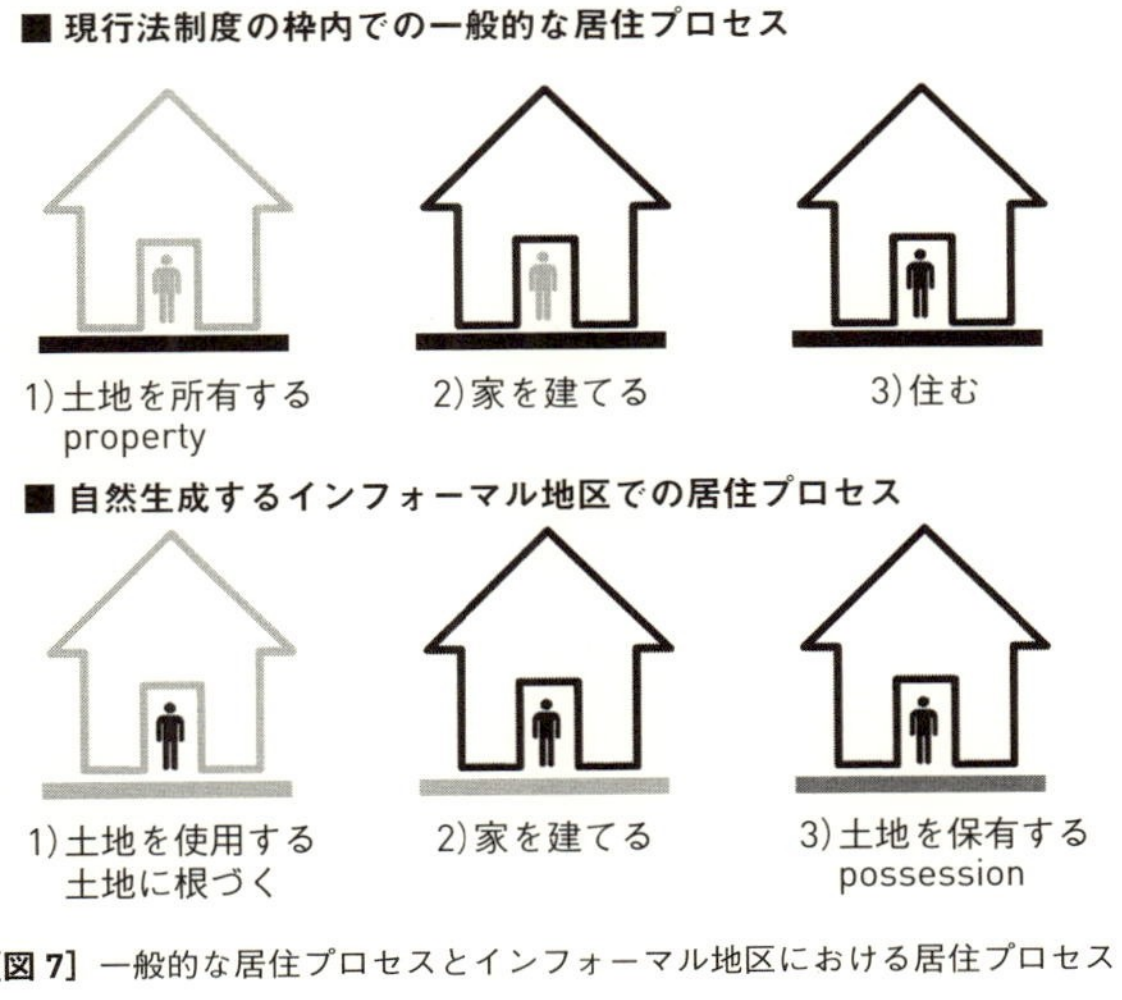

【図7】一般的な居住プロセスとインフォーマル地区における居住プロセス

わずか二人だった。だが、ほとんど全員が本人や家族あるいは親戚が「持っている」と回答した。土地所有が正規化されていなくても、当人もご近所さんも、自他ともに「土地を持っている」と思っている。他方、正規に土地を所有している人は、いずれも売ることを念頭に、資産形成のために土地登記したという(Adianto et al. 2016; 岡部ほか 2017：文献１・18)。

元をただすと、現行法制度以前の場合もあれば、以後の場合もあるが、誰かが住み着き、その状態が継続して、実態としてその人のものとみなされるようになった土地である。こうして人が土地に根づくことで権利が生じるとする考え方は、ハイデガーのように「住まうこと」に人間存在の本質を認める立場に立てば、自明である。現行法上の所有権以前の、コモンローに依拠するものである。貨幣に変換できる紙切れ一枚の現行法上の所有権とは次元の異なる話である。木庭が「占有の質」の視点で論じていることにかかわる(木庭 2016：文献21)。

ルフェーヴルも、「従来は、『住むこと』というのは、社会生活に参与することであり、村なり都市なりの共同体に参与することであった都市生活は、なによりもまずこの特質、この属性を所有していたのである」と述べ、純粋に「住まうこと」自体に原点を置いている。

5.「我有化への権利」と「作品への権利」

「都市への権利は、自由への権利、社会化のなかにおける個人化への権利、居住地とか居住することとかへの権利などといった諸々の権利のなかの上位の形態としてあらわれる。作品へ（参加する活動へ）の権利や我有化への権利は、都市への権利のなかにふくまれる。」（ルフェーヴル 1968：文献15）

ルフェーヴルは、このように、〈都市への権利〉を、住居への権利などの諸権利の上位に位置づけており、より本源的な自然法にもとづく権利ととらえている。そして、〈都市への権利〉として、「作品への権利」と「我有化への権利」を具体的に示している。

「我有化（appropriation）への権利」※6とは、文字通り「自分のものにする」権利であるが、ここでルフェーヴルはわざわざ「所有への権利とははっきり区別される」と明記している。所有（property）が交換価値にかかわるものであるのに対して、我有化して生じた保有（possession）は使用価値にかかわる【表1】。所有が支配的になった近代秩序に対して、影の薄くなった保有する権利を再認識させるものだ。財産権としての性格を持つ所有の権利が、他者を排除できる排他的な権利、すなわち排除の権利であるのに対して、アクセス権としての性格を持つ我有化の権利は、排除されないことを求める権利である。所有と保有には、政治学者のマクファーソンによると「権利に内在するパラドックス」が存在する（マクファーソン 1980：文献14）。

人と土地の関係に当てはめるなら、「所有の下にコード化された居住地のもとの居住ではなく、その手前にある保有（possession、酒井は「占有または領有」としている）としての居住としての住むことである」（酒井 2006：文献23）。保有が、所有に先立ってあり、優位にあるとすると、「所有権は、都市空間の収用である。

※6　「我有化への権利」は「対抗占有adverse possession」の概念に通じるものである。対抗占有とは、アメリカ合衆国における土地を事実上使用するスクワットの運動で浮上した考え方だが、「その土地への権原獲得を可能にする権利であり、伝統的なコモンローに由来する長い伝統をもつ」（酒井 2006：文献23）。

		所有　ownership	保有　possession
主体	個　人	私有	（占有）
	集　団	共有	（総有）
		公有	
権利 （ポランニー 1944； リフキン 2000）	考え方	財産権 property 譲渡できる、処分できる（ロック 1772；マルセル 1935）	アクセス権 （譲渡・処分についてはそもそも想定されていない）
	根拠・保障	国の法制度により保障	「住まうこと、使用していること」に依拠する コモンロー
排除／非排除 （マクファーソン 1980）		他者を排除できる	排除されないこと
対応する経済		土地が交換価値を持つ資本主義	土地は使用価値 コモンズ ポスト資本主義（シェアの経済）
居住との関係		住居は、個人または家族に排他的に帰属する 「住居に住む」	個人または家族は、分配された土地を適切に管理する責任を担う 「まちに住む」
		住居への権利 （住宅に財産権があることを前提としたアクセス権）	都市への権利

[表 1] 人と土地の関係と居住

コミュニティの住人に正当に帰属するもの（土地）を取り上げ、市場で土地を買った人である所有者に、それを不当に帰する」ものだという見方が正当性を持つ（Purcell 2013：文献7）。

もう一つの「作品（としての都市）への権利」は、諸々の決め事に参加できる権利、すなわち都市の中心へアクセスできる権利と解釈できる。「都市の中心性」について、ルフェーヴルは、ギリシャやローマの古代都市のアゴラやフォールムに始まって、中世都市の教会と市場の間の広場など、欧州都市における中心性の変遷を追いながら、本来の使用価値が交換価値に取って代わられてきたことを問題視している。参加とは、公聴会で意見を言ったり名目上の市民集会に出席したりすることではない。ルフェーヴルは、「諸決定に関してかたちだけの意見を言うことに終始する参加」になってしまっていることを嘆いている。「作品への権利」の行使としての参加とは、住人によって管理されている都市を求めて生きた抗争をすることである。

「作品への権利」「我有化への権利」を含む〈都市への権利〉を唱え、ルフェーヴルが描き出そうとしているのは、住人たちが、我有化によって都市を自分たちのものとし、その都市の守人（stewardship）としての責務を負い続ける住人たちの自律的な世界だったのであろう。それは、いうまでもなく、国家が〈都市への権利〉を認めれば実現するという性格のものではない。ルフェーヴルのいう〈都市への権利〉とは、超国家的な権利＝責務である。

このようにルフェーヴルは、「都市を使用する者が国家や資本主義を超えて自律的にマネジメントするというラディカルな都市ビジョンを示している。しかしながら、とてつもなく深淵な変革を提唱する一方で、ルフェーヴルのビジョンはきわめて実践的でもある――今日都市を変える具体的なアクションへと導き喚起することにとても有用でもある」とルフェーヴルについて多くの研究のある地理学者のパーセルは指摘する（Purcell 2013：文献7）。

ルフェーヴルは、一九四七年『日常生活批判』の刊行以来、日常生活に着目し、資本主義の再生産からの日常性の解放を説き、ラディカルな社会変革を展望している。〈都市への権利〉についても、「時や場所の十全的な使用を許すような生活のリズムや時間割りへの権利」に言及している。最後の著作となった『リズム分析』（Lefebvre 2004：文献3）に通じる視点であり、ルフェーヴルの〈都市への権利〉は、大きな変革を見据えながらも、人間の尊厳ある生活のリズムを意識した小さな日常的実践の背中を押す力を備えている。

6.〈都市への権利〉論争の本質

新都市アジェンダにおいて、〈都市への権利〉は、最終的に、ビジョンを示す〈みんなの都市〉を補足的に説明する言葉として踏みとどまった※7。ハビタットⅢ会議のホスト国であるエクアドルをはじめラテンアメリカ諸国は、〈都市への権利〉という言葉が消されなかったことを歴史的な一歩と評価している。

今回の新都市アジェンダは、国連の上位目標であるSDGsを強く意識して作成された。アジェンダ二〇三〇では「誰も置き去りにしない」強い決意が示されている。他方、ハビタット会議は、当初一九七六年時点では過度の都市化を抑制することで人間的な暮らしを守る方針だったのに対して、一九九六年都市アジェンダでは大転換し、都市化は必然であり不可避であることを所与とし、都市化に貧困のソリューションを見出そうとする画期的な考え方が示され、グローバルな賛同を得、今日に至っている。二〇一六年新都市アジェンダでもこの大方針に変更はない。

今日、気候変動・紛争などで土地を追われる人びとは、追い込まれて都市へと流れ込んでくる。そうした人たちに都市化がソリューションとなり、SDGsが示すように「誰も置き去りにしない」とするなら、〈都市への権利〉は、彼らに居場所を保障し、そこで暮らし生産活動する権利を保障することを意味する。土地や国を追われた人たちが駆け込む先が都市である。いつでも誰にでも、都市には空いた席が用意されていると解釈するのが自然である。

新都市アジェンダに〈都市への権利〉を盛り込もうとした人たちは、その保障を各国に求めるものだった。居住についていえば、〈住居への権利〉の対象を市民権を持つ人たちのみならず、「現在および将来の居住者みな」に拡張して保障を迫るものだった【図4】。そのために、多くの国が慎重な態度を崩さなかった。

　しかし、ルフェーヴルの〈都市への権利〉は、次元が異なっていた。パーセルの指摘するとおり、ルフェーヴルの〈都市への権利〉は、今日の諸問題を解決する「万能薬ではなく、むしろ新たな問いを投げかける概念」だといえよう(Purcell 2002：文献6)。そもそも人は、「住まうこと」すなわち「事実上使用していること」で「土地を保有する」権利を得る。〈都市への権利〉は、所有とは異なる保有の論理で、住まいを自ら確保し、その使用価値を住人たち自ら管理していく権利＝責務であった【図8】。新都

■都市への権利

住人たちが
都市の守人
権利＝義務
stewardship

排除されない
権利

「住まうこと」によって享受できる
〈都市への権利〉 H. ルフェーヴル

我有化への権利：
都市(直接的に保有した土地)に
住み続けられる権利

作品への権利：
都市の諸々の決め事に
参加する権利＝責務

■住居への権利

国が
個人に保障

排除の権利
土地所有の正規化
住機能のそろった
安全な住宅を
個人または家族が
排他的に所有

対象：市民権を持つ人たち
〈住居への権利〉
個人の尊厳にふさわしい
住居にアクセスする権利

[図8] 〈都市への権利〉と〈住居への権利〉は次元が異なる

※7　Habitat III New Urban Agenda Draft outcome document for adoption in Quito, October 2016 (2016/09/10).

市アジェンダ策定過程での論争で、かなりの国が〈都市への権利〉に難色を示したのは、より本源的には、財産権を相対化し新自由主義を牽制しかねないメッセージが見え隠れしていたことがあったのではないか。

7.〈住居への権利〉の限界

〈住居への権利〉、すなわち「適切な住居への権利 right to adequate housing」は、国際的に知られている住に関する基本的人権である。工業化のもたらした近代の都市化の過程で、誰もが享受することのできる社会権として認められてきた経緯により、国が個人の権利として万人に保障する性格のものである。福祉国家的な体制下では、〈住居への権利〉を実現するにあたり、公的な住宅供給が大きな役割を果たした。スペインやアルゼンチンなど、憲法に「尊厳ある適切な住居への権利」を明文化している国もある[※8]。一九八〇年代以降、グローバルに新自由主義的傾向が強まるにつれて、財政的にも公的住宅を大量に供給することが現実的ではなくなっていた。代わって、〈住居への権利〉を充足するために、マーケットが適正価格の住宅を供給し、誰もが尊厳ある適切な住居で生活できるように誘導することが主流になった。

適切な住居か否かは、一般的に安心して住み続けられ、住機能がそろい、十分な広さと性能を備えていることなどで判断される[※9]。誰もが望む住居像である。しかし、〈住居への権利〉を充足しようとする具体的な取り組みが、インフォーマル居住地区の住人たちには届かないどころか、生活の基盤を脅かす事態となっているのはなぜなのか。〈住居への権利〉の限界とは何なのか。

第一は、機能としての〈居住〉を前提にしていることからくる限界である。政府は、〈住居への権利〉の充足を第一義的に、適切な住居の水準を満たす住宅を整備し、スラム居住者に再居住先として提供する努力をしてきた。また、スラムの住人たちも、いまよりましな住居に住みたいと望んでおり、公的に供給される住宅や適正価格の住宅への要求は依然として高い。

ところが、再居住先の多くは、都市の中心から離れた郊外にある。運よく夢の再居住先にありついてみてはじめて、いままでのインフォーマルな仕事が継続できない現実に気づき愕然とする。現代の途上国都市スラムの居住者の多くは、建設業の下働きをしたり、バイクタクシーをしたり、自宅の軒先でお惣菜をつくって売るなど、いわゆるインフォーマルな仕事で日々の生活費を稼いでいる。古典的な家政婦的仕事から、洗濯やオフィスビルやショッピングモールの清掃など、富裕層のあらゆるサービスニーズに応える仕事に従事している。家族で、多様なインフォーマル仕事を柔軟に組み合わせてたくましく暮らしている。格差がインフォーマルな仕事の源泉であり、そこには一攫千金のチャンスがまったくないわけではない。彼らの職場は、オフィス商業地区だったり、富裕層の住宅地だったり、近くの路上だったり、都心の建設現場だったり、自身が暮らしているコミュニティ内、あるいは狭い自宅の片隅だったりする。現代のスラ

※8　わが国では、住生活基本法制定の機会にも、「適切な住居への権利」が明示されなかったことは指摘されているとおりである。

※9　ＯＨＣＨＲ社会権規約委員会のレポートが基準として参照されることが多い The right to adequate housing http://www.ohchr.org/_layouts/15/WopiFrame.aspx?sourcedoc=/Documents/Publications/FS21_rev_1_Housing_en.pdf&action=default&DefaultItemOpen=1
国連人権高等弁務官事務所　社会権規約委員会
The Office of the United Nations High Commissioner for Human Rights（OHCHR）

ムの住人たちは、製造業で働き、賃労収入のあった近代のステレオタイプな労働者とは違い、〈居住〉機能を仕事から切り離されると、生活が成り立たなくなってしまう（岡部 2017a：文献17）。再居住先に移った多くの人たちが、自身の人生を能動的に切り拓いていく可能性を奪われて暇を持て余す事態に陥る。生活環境を守るコミュニティが形成されず犯罪が蔓延して治安が悪化し、再び中心部のインフォーマル居住に戻るケースが少なくない。

格差の大きい現代社会では、安心して暮らせる住居がまずあれば、人生を自ら切り拓いていけるという楽観はない。機能としての〈居住〉を拙速に切り取って手当てされると、かえって生活の基盤を失いかねない。

8.「まちに住まう」

第二は、住居（住宅）という単位を基点にしていることである。〈住居への権利〉は、人間として尊厳のある生活にふさわしい水準を、個人あるいは家族が住まう住宅単位で誰もが享受できるようにする発想である。しかし、スラムをその場で改善する方法で、〈住居への権利〉を実現することは至難である。スラムが生成している場所は中心部に近く好立地であるにもかかわらず、住まいを安価に確保できる場所であるため、災害リスクが高かったり過密だったりする。居ながらにして住居単位で、尊厳ある適切な住居の水準までアップグレードすることは、物理的に不可能な場合がほとんどである。

機能としての〈居住〉を切り取って手当てする公的住宅供給が、スラム対策として意図どおりの成果をあげていない経験に学び、場所はそのままにスラムを改善する方法が各地で試みられている。しかし実際に現場で改善策を検討してみても、高い災害リスクや極端な高密度が制約条件となって、当事者誰もが住居単体では〈住居への権利〉を満たす住居には届きようがない。

たとえば、私がフィールドとしているジャカルタのチキニ地区の場合は、中心部に立地し駅前で利便性が高いため、中心部に安価に住めるスラムが撤去され減少するなかで、過密の一途を辿っている。川沿いで洪水リスクがある上に、一〇㎡足らずの一間に家族八人で暮らす家もめずらしくなく、人間の尊厳が保たれるだけの十分な空間を確保できない。台所やトイレや洗濯場も住居単位で持つことはできず、住機能が一戸で完結していない不完全な住居である。いまここで暮らしている人たち全員が、個人あるいは家族が各々、尊厳ある適切な住まいを持つことはできない。

また、着手したばかりのアルゼンチンの小都市サンマルティンでは、斜面地のインフォーマル地区カンテラをフィールドとしている。土砂崩れのリスクがきわめて高い斜面地だが、都市中心部に隣接しており、新たな住まいが自力建設されたり、子や親戚のために増築されたりし、建物は増える一方である。適切な斜面地造成をしないままに、すでに住まいが建ち並んでいる現状から、個人に対して各住居を改善することで、すべての住居を安心して住み続けられ、住居機能を備えた尊厳ある水準に高めることは、いくら知恵を絞っても無理である。仮にいま住んでいる人たちが、より安全な場所に移ることを了承したとしても、利便性の高い危険地域に住み着く人たちは後を絶たない。

〈住居への権利〉は、排他的機能としての〈居住〉を個人に住居単体で保障するという考え方を大前提としているが、途上国スラムの実態との間に致命的な齟齬が認められるといわざるをえない。しかたなく、私たちのプロジェクトでは、「住居に住まう」から「まちに住まう」発想に転換していった。

ジャカルタの高密度インフォーマル地区のチキニでは、個々の住戸では住機能が充足されていないが、トイレや洗濯場などを共用することで生活がそもそも成り立っていた。これを活かして住環境を改善する道をコミュニティに提案し続けている。プライバシー確保への渇望が強く、ただ提案するだけではどうにもならず、実際に共用施設を建設したり増改築したりしながら、ともに実践することで新たな道を模索している。

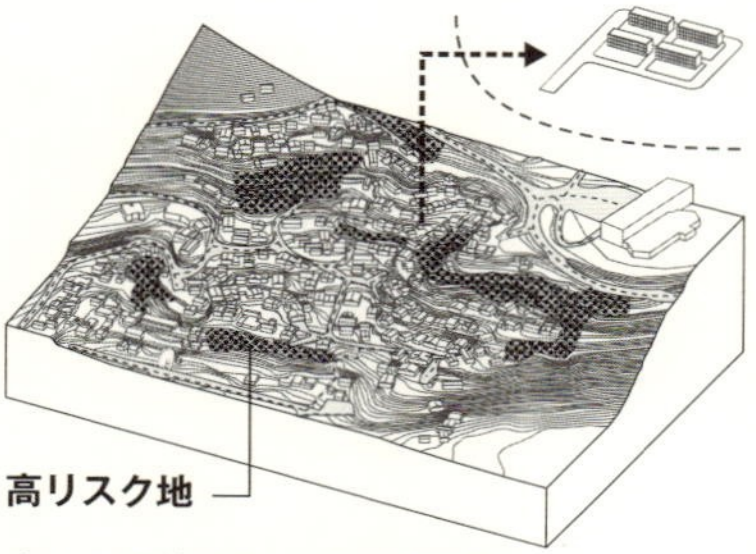

高リスク地に建つ住居を放棄し、
再定住先に移るシナリオ

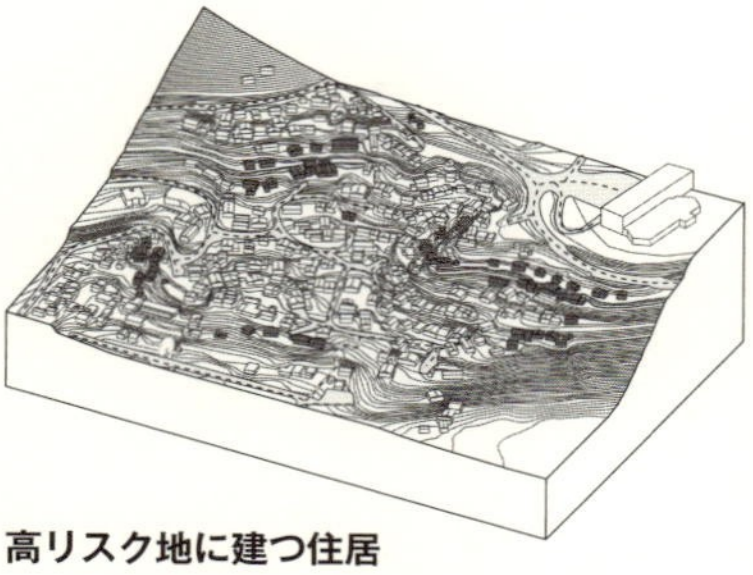

高リスク地に建つ住居

高リスク地に建つ住居をコミュニティに開いて維持する責務を負うことと引き換えに、低リスク住居に寝室を確保するシナリオ　(まちに住まう)

[図 9]「まちに住まう」提案
カンテラ地区、サンマルティン・デ・ロスアンデス、アルゼンチン

[写真 4] 土砂災害のリスクを低減するために住民たちとつくった山留め。
カンテラ地区、サンマルティン・デ・ロスアンデス、アルゼンチン (2018 年 5 月)
協力：佐藤淳

アルゼンチンの斜面地インフォーマル地区では、土砂災害リスクが高い場所だが、利便性などの好立地のため住む人が増えて大きな被害が容易に予測できた。各戸単位で安全を確保することが困難と判断し、大災害時に逃げる時間を稼げるようにさしあたり「山留め」**【写真4】**をつくると同時に、とりわけ災害リスクの高い沢沿いの住居で就寝している状態を解消できるよう、比較的リスクの低い住居の一室を寝室として提供してもらうのと引き換えに、沢沿いの住居をコミュニティに開くなどの提案をしている**【図9】**。生活習慣的に首を傾げる住人も多いが、ここで生活し続けるには「まちに住まう」という考え方を受け入れずして出口がないことまではようやく理解してもらえるようになった。

「まちに住まう」を展開しようとすると、どちらのプロジェクトも、他者を排除する所有の論理ではなかなか土地問題が解けない。正規化するには共有が最も適切な選択肢だが、すでにインフォーマルに人が住み着いている状況で当事者の合意によって導入することは現実的ではない。そもそも、土地の我有化によりこの場所に人が住み着くようになったのであり、人と土地との関係が、保有の論理によって規定されているほうが自然であり、「まちに住まう」ことと相性がいい。

9.「適切な住居」が「不適切な住居」を規定する

〈住居への権利〉には、上述の二つの限界に加えて、さらにより本質的な問題がある。「尊厳ある適切な住居」という概念が、その基準を満たすものとそれ以外を線引きすることになることによる問題である。

「ラテンアメリカ諸国の住宅産業……主要都市はすべて、自力で建てられたファベーラ、バリアーダ、あるいはポブラシオンの広大な区域によってとり巻かれている。新しい家屋と諸設備の構成要素が非常に安価に作られ、自分で組み立てられるように設計される可能性はある。……

しかし、自分自身の環境をかたちづくる人々の能力を支援するかわりに、政府はこういった掘立て小屋の町に、標準的な現代住宅に住む人々のために設計された公共施設を設ける。……専門家によって建てられた家が機能的な単位住宅ということにされ、自分で建てられた家には掘立て小屋という烙印がおされる。法律は建築家が署名した図面を提出できない人々に建築許可を与えないことによって、こういう定義を定着させる。人々は使用価値を生みだす力を自分自身の時間に付与する能力を奪われ、賃金のために働き、自分の稼ぎを産業的に限定された賃貸空間と交換するように強いられる。彼らはまた、家を建てながら学ぶ機会をも奪われる」。

（イリイチ 1973：文献12）

イリイチ（オーストリアの哲学者・思想家）のいう「専門家によって建てられた機能的な単位住宅」が尊厳ある適切な住居の基準を満たすものであり、それ以外に線引きされたものが「掘立て小屋＝尊厳のない不適切な住居」という烙印を押されることになろう。

「人は生まれながらにして、治療したり、慰めたり、移動したり、学んだり、自分の家を建てたり、死者を葬ったりする能力をもっている。……こういう諸活動は、交換価値を与えられたことはかつてなかったけれど、使用価値を持っている」。

（イリイチ 1973：文献12）

自力で住む場所を見つけ、自分の住まいを自力で建設する活動にイリイチは使用価値を見出している。ルフェーヴルのいう〈都市への権利〉は、「自分自身の環境を自身でかたちづくる権利」を擁護するものである。「尊厳ある住居」は、自力で建てるなど自身で獲得するものである。政府から基準を満たした住居を与えられて「尊厳ある適切な住居」は実現しないばかりか、「家を建てながら学ぶ機会をも奪われる」とイリイチはいう。

こうした見方は、東日本大震災から七年あまりが過ぎたいま、復興支援の難しさにも説明を与えてくれる。阪神大震災を機に、居住を福祉の基盤に据える「居住福祉」の考え方が浸透した（早川 1997：文献24）。住まいを失った被災者にとって、まず安心して生活できる住まいがあることは大切さだ。ことに高齢化した地域では死活問題である。しかし、長い人類の歴史を見ると、被災直後にバラックを建てるときに、自身の生活を切り拓く力を最も発揮してきたのも事実だ。与えられた住居では「交換価値」であり、いくら適切な住居の基準を満たしていても、「使用価値」は生まれず尊厳ある住居には到達できない。生きがいをみつけることやコミュニティ活動など包括的なケアがあっても、とりあえず充足した住居を与えられているとどうしても受け身になってしまう。

10・「随分みじめ」だから「たまらなく羨ましい」

今和次郎（考現学の創始者）は、民家調査で日本全国を回り、開拓地で移住者の家である小屋を目の当たりにして次のように述べている。

「それらは全然自給で作らなければならない。その土地から得られる材料で、出来るだけ早く、……しかたなしにその工作をはじめなければならないのである。彼らはいそいで木の枝を切り集める。草を刈り集める。そしてとにかく彼らの休場が出来る。追々と彼らは一と月も二た月も住める家に補って行く。四季を通じて住い得るまでにするのには実に色々の工夫が要る。そして彼らは本当の自給で一年なり二年なりまたは四、五年なり、そこの畠が充分熟するまでそれに住まなければならないのだ。空想でなくそれを実際やらなければならない事は随分みじめである。しかし彼らこそ大きな野の上に孤立して極度の単純生活を堂々と営んでいるんだと思うと、またたまらなく羨ましく感じられて来る」。

（今 1922：文献22）

「随分みじめ」と感じるのは、粗末な移住小屋は人間の尊厳にふさわしい住まいにはほど遠く、〈住居への権利〉が脅かされているからである。他方、「たまらなく羨ましい」と感じるのは、自身で自分の生活する環境をありあわせの材料でつくり、「孤立して極度の単純生活を堂々と営んでいる」からであり、いわば〈都市への権利〉が行使されているからである。しかも、「随分みじめ」だからこそ「たまらなく羨ましい」のであるから質が悪い。

〈住居への権利〉を実現させようと劣悪な住まいに甘んじている人たちにまともな住居を提供する政府の取り組みが、期せずして〈都市への権利〉を奪っている側面がないとはいえないのではないか。難しい問題である。

スラム対策では、セルフヘルプ住宅、すなわち住宅の自力建設が、当事者のエンパワメントの観点から、公的に住宅を供給する方法に代わって支持されるようになってきた。これは、住居の「使用価値」を再認識させるもので、〈都市への権利〉の「作品への権利」と共鳴する一面がある。

他方、〈住居への権利〉が定着して、単体としての「適切な住居」を政府に要求する運動が強まるなか、新自由主義が主流のいま、「適切な住居」供給を実際に担うのはもはや政府ではなくマーケットである。「適切な住居」は、「交換価値」としてマーケットで調達する対象になっている。

スラムの居ながら自力改善が使用価値としての住居を高める文脈にあったはずが、マーケットを利用したスラム対策と出会うことで交換価値にすり替えられつつある。グローバルに市場経済が席巻する今日、途上国都市のスラムに住まう当事者もまた、事実上住まうことで保有するに至った土地や建物の所有権を欲しており、進んで交換価値を手に入れようとしている。使用価値を見失い交換価値と取り違えるや、自力改善によるスラム対策が新自由主義にあっという間に引き寄せられていく。〈都市への権利〉の体現としての自力建設の小屋が、マーケットに組み込まれて、「たまらなく羨まし」かった輝きを失い、ただ「随分みじめ」だけが残りかねない。機能的に適切な住居にはほど遠いが、自力で獲得するプロセスによって希有な尊厳を保っていたインフォーマル住居が、こうして尊厳をも失い、ただ救いのない住居に貶められていっている。

換金できないものの価値が霞む時代に、途上国都市のスラムに身を置いて、考えずにはおれない〈住居への権利〉と〈都市への権利〉のジレンマであるが、ここにこそ住まうことの根源に迫る研究のフロンティアがあるのではないだろうか。

【参考文献】

（1）Adianto, Joko, Okabe, Akiko, Ellisa, Evawani, Shima, Norihisa. The Tenure Security and Its Implication to Self-Help Housing Improvements in the Urban Kampong: The Case of Kampong Cikini, Jakarta, *Urban and Regional Planning Review v3*, March 2016, pp.50-65.

（2）Harvey, David. "The right to the city", *New Left Review II* (53), 2008, pp.23-40.

（3）Lefebvre H. *Rhythmanalysis : space, time, and everyday life*; translated by Stuart Elden and Gerald Moore ; with an introduction by Stuart Elden, 2004.

（4）Neuwirth, Robert, *Shadow Cities*, Routledge, 2004.

（5）Ortega i Gasset, José. *El Espectador IV*, 1925.

（6）Purcell, M. Excavating Lefebvre: The right to the city and its urban politics of the inhabitant, *Geojournal* 58, 2002, pp.99-108.

（7）Purcell, M. Possible Worlds: Henri Lefebvre and the Right to the City, *Journal of Urban Affairs* 36(1), 2013, pp.141-154.

（8）Saunders, Doug. *Arrival City*, Windmill, 2010.

（9）United Nations. *New Urban Agenda* (adopted at Habitat III on 20 October 2016), 2017.

（10）UN-Habitat. *World Cities Report 2016 Urbanization and Development: Emerging Futures*, Nairobi: UN-Habitat Working Paper, 2016.

（11）H・アレント、志水速雄訳『人間の条件』ちくま学芸文庫、一九九四年（単行本＝中央公論社、一九七三年、原著一九五八年）。

(12) I・イリイチ、渡辺京二・渡辺梨佐訳『コンヴィヴィアリティのための道具』日本エディタースクール出版部、一九八九年(文庫版=ちくま学芸文庫、二〇一五年、原著一九七三年)。
(13) D・ハーヴェイ、森田成也ほか訳『反乱する都市——資本のアーバナイゼーションと都市の再創造』作品社、二〇一三年(原著二〇一二年)。
(14) クロフォード・B・マクファーソン、藤野渉ほか訳『所有的個人主義の政治理論』合同出版、一九八〇年。
(15) H・ルフェーヴル、森本和夫訳『都市への権利』筑摩叢書、一九六九年(原著一九六八年)。
(16) 雨宮知彦「チキニにおけるミクロ実践(第4章)」村松ほか編『メガシティ6——高密度化するメガシティ』東京大学出版会、二〇一七年、八五~一七三頁。
(17) 岡部明子「貧困・都市・気候変動(第2章)」村松ほか編『メガシティ6——高密度化するメガシティ』東京大学出版会、二〇一七年a、七~三三頁。
(18) 岡部明子、E・エリサ、J・アディアント「スラム化の経緯と実態、超高密度が生む知恵——チキニを事例に(第5章)」村松ほか編『メガシティ6——高密度化するメガシティ』東京大学出版会、二〇一七年、一七五~二三三頁。
(19) 岡部明子「都市への権利」『人と国土』四二巻五号、二〇一七年b、四一~四四頁。
(20) 岡部明子「都市への権利——SDGsの示す『誰も置き去りにしない』世界のために」『世界』二〇一七年九月号、二〇一七年c、一六一~一七二頁。
(21) 木庭顕『誰のために法は生まれた』朝日出版社、二〇一八年。
(22) 今和次郎『日本の民家』(解説:藤森照信)岩波文庫、一九八九年(単行本=鈴木書店、一九二二年)。
(23) 酒井隆史「『都市への権利』が問うもの 法・権利の主体とその変容について」『法社会学』二〇〇六巻六四号、二〇〇六年、七七~八五、二七六頁。
(24) 早川和男『居住福祉』岩波新書、一九九七年。
(25) 村松伸・岡部明子・林憲吾・雨宮知彦編『メガシティ6——高密度化するメガシティ』東京大学出版会、二〇一七年。

第 VI 章

住宅所有と社会変化

平山 洋介（神戸大学大学院 教授）

1. 大衆化から再階層化へ

戦後日本の社会変化を特徴づけたのは、持ち家の大衆化であった。経済のめざましい成長にともない、住まいとその資産価値を所有する中間層が増え、〝持ち家世代〟(generation own) を形成した。戦前の都市地域では、住宅の大半は民営借家で、持ち家に住むことは、一部の階層の特権であった。戦後経済の発展につれて、多くの人たちが、小規模であるにせよ、住宅不動産を手に入れた。戦後社会の組み立てと性質を理解するには、住まいの所有形態が劇的に変化し、私有住宅に住む中間層が増大した点をみる必要がある(平山 2009)。

持ち家社会の形成は、経済上の「自然現象」ではない。その説明に必要なのは、住宅システムの政策・制度とそれを支えるイデオロギーに注目する視点である。経済成長が私的な住宅所有を普及するという見方がある。中間層が拡大してはじめて持ち家が増大する。しかし、中間層を住宅所有に向かわせるには、それを促進するシステムが必要になる。経済成長は持ち家社会の条件を形成し、しかし、持ち家社会は経済成長の必然の産物ではない。住宅と社会変化の関係のあり方は、経済次元の法則ではなく、政策・制度とイデオロギーの次元の構築物として説明される必要がある(平山 2009)。

戦後日本の政府は、住宅システムを持ち家促進に傾け、それによって自身の正統性を保とうとした。住まいを買い、所有することは、個人・世帯のミクロレベルでは、物的住宅の改善、不動産資産の蓄積、社会的地位の表現に結びついた。この文脈での持ち家は、人生のセキュリティを「約束」し、戦後〝社会契約〟の核をつくっていた。住宅所有の普及は、マクロレベルでは、経済をさらに拡大し、社会統合を維持する役割をはたした。住宅システムの政策・制度は、ミクロ・マクロレベルを媒介し、人びとの人生と社会・経済変化を関連づける位置を占める。めざされたのは、多数の人たちが住宅所有に向かって動き、メインストリーム社会を押しひろげ、そして、社会・経済の安定がより多くの世帯を持ち家セクターに導き、そのセキュリティを形成する、というサイクルの構築であった。

しかし、社会のなかの住宅のあり方は変化する。日本では、人口と経済が〝成長後〟の段階に入ったことが、持ち家社会を〝後期〟に移行させた(Hirayama and Izuhara 2018)。住宅所有の大衆化とは、ある特定の条件――人口の増大とその構成の若さ、結婚と世帯形成の増大、住宅需要と住宅建設の拡大、力強い経済成長、雇用と収入の安定、分厚い中間層の形成、国家の寛容な持ち家支援――のもとで成り立つ現象であった。これらの条件は、〝後期持ち家社会〟では、ほとんど消失した。

人口は二〇〇〇年代半ばに減りはじめ、未曾有の少子高齢化が進んだ。住宅関連の生産・消費は減少せざるをえない。バブル経済は一九九〇年代初頭に破綻し、ポストバブルの長い停滞のなかで、雇用と収入は不安定化し、住宅ローンの返済負担はより重くなった。キャピタルゲインを生んでいた持ち家はキャピタルロスをもたらし、資産としての住宅の安全は傷つけられた。住まいの所有は、セキュリティをつくる一方、リスクをもたらす度合いが高まった。家族構造の変化につれて、未婚率が上昇し、単身者が増え、家を買おうとする世帯は減った。世界金融危機は二〇〇七~〇八年に発生し、経済推移をさらに不確実にした。人口と経済の変容は、一時的ではなく、より構造的である。

ポスト成長社会の形成は、新自由主義の台頭をともなった(Hirayama and Izuhara 2018)。新自由主義とは、ごく簡単にいえば、資産私有と市場を制度フレームとし、そこでの人びとの競争と企業家精神の促進が経済進歩を達成すると断言する経済・政治イデオロギーである（e.g., Harvey 2005）。新自由主義の勢力が拡大するなかで、政府は、住宅政策の規模を大胆に縮小し、市場商品としての住宅の生産・消費促進をめざした。

本章では、〝後期持ち家社会〟が〝再階層化〟に向かう道程に注目する。私有住宅の大衆化は、社会の階層化を緩和する効果を生んでいた。その条件がしだいに消えるなかで、ポスト成長時代の住宅システムは、社会がふたたび階層化するプロセスを反映・促進した。持ち家社会の〝大衆化から再階層化〟への変化を調べ、そこでの住宅システムの役割をみることが、ここでの関心事である。

ポスト成長社会の不平等が新たなメカニズムをもち、その組み立てにおいて私有住宅に関する〝フロー〟と〝ストック〟が重要な役割をはたす点に着目する必要がある。人びとを再階層化する要因の一つは、持ち家取得の〝フロー〟の停滞である。人口・経済変化にしたがい、住宅所有に到達しない人たちが増え、持ち家を取得する／しないグループが分裂した。再階層化のもう一つの要因は、持ち家〝ストック〟とその資産価値の不均等分布である(Hirayama and Izuhara 2018)。ポスト成長段階の社会を特徴づけるのは、膨大な住宅ストックがすでに蓄積している実態である。その分配の不均等によって、住宅資産を大量に所有する／少量しかもっていない／まったく保有していないグループが分化する。持ち家取得に向かうフローが停滞し、住宅ストックの資産価値が偏在することで、持ち家社会の安定は失われる。

日本を含む多くの資本主義諸国が持ち家社会の形成を経験した。たいていの国は、持ち家セクターを支持し、保護する住宅システムを、程度の差こそあれ、整えた。アングロサクソン諸国では、持ち家は支配的なテニュアとなった。西欧・北欧諸国は、賃貸セクターを重視する傾向をもっていた。しかし、個人所有が主要な住宅テニュアの一つとなった点で、西欧・北欧は他の先進諸国に似ていた。さらに、東アジアの多くの国では、経済成長にともない、住宅所有を促進する政策が展開し、持ち家率が急上昇した。東欧諸国と旧ソ連では、社会主義体制の崩壊とそれに続く市場経済の導入によって、住宅の私有化が急進した。持ち家率は国ごとにばらつきをみせるとはいえ、私有住宅が増大する傾向はほとんどすべての資本主義社会に浸透した。一方、持ち家が増えた社会の多くは、けっして安定しているとはいえず、住宅関連の不平等の増大に直面する状況にある。本章では、日本の持ち家社会を対象とし、それ自体を調べるだけではなく、国際比較の文脈のなかに置くことで、理解しようとした。

2. 持ち家／賃貸世代

〝成長後〟の段階に入った日本社会を再階層化する住宅関連のドライバーの一つは、すでに述べたように、持ち家取得の〝フロー〟の沈滞化である。この変化は、住宅事情に関する世代間の違いとして発現した（平山 2011; Hirayama 2012, 2013）。若い人たちは、親から独立し、仕事に就き、賃貸住宅を確保し、家族をもち、そして、持ち家を手に入れ、資産をつくる、という標準パターンのライフコースをたどると考えられていた。しかし、ポスト成長社会では、雇用が不安定化し、所得が増えない。この状況は、若い世代により強く影響した。若年グループでは、住宅所有になかなか到達せず、賃貸セクターにより長くとどまる〝賃貸世代〟（generation rent）が形成され、さらに、成人未婚のままで親元に住み続ける「世帯内単身者」が増え、〝親の家世代〟（generation stay at home）をつくりだした。〝持ち家世代〟は、持ち家を得ることで、人生のセキュリティを得ようとしたのに比べ、若い世代では、住宅所有にもとづくセキュリティ形成は、より困難になった。

住宅事情の差異は、世代間だけではなく、世代内で広がった。若年層のライフコース形成の実態をみると、家族、仕事および住宅の変化に関し、明確な相関が認められる。結婚と子育ては、多くの場合、雇用と収入の安定に支えられ、持ち家取得と資産形成をともなう。これに比べ、低賃金の不安定就労層では、未婚率が高く、持ち家率は低い。先行世代では、良質の仕事、配偶者と家族、そして持ち家のすべてをもつ人たちが主流を占めた。若い世代では、「すべてをもつ」グループが存在する一方、「すべてをもたない」グループが出現・拡大した。

住まいの状況は、世代間で差異化した。しかし、その原因が世代それ自体ではなく、階層化である点に注意する必要がある。若年世代と先行世代では、世代内での階層構成が変化し、より若い世代では、より低位の階層の人たちが増えた。この結果として、住まいに関する世代ごとの違いが拡大した。したがって、住宅事情の不平等を理解しようとするのであれば、その現象としての世代分裂だけではなく、その原因としての階層化に目を向けることが、不可欠になる。世代間の違いばかりに目を奪われると、世代内での「すべてをもつ／もたない」グループの分化を説明できない。

〝賃貸世代〟と〝親の家世代〟の出現は、多くの先進諸国で観察される。世界金融危機（二〇〇七～〇八年）を一つの契機として、持ち家取得の経済上の困難が増え、住宅事情の世代間および世代内の違いが拡大した(e.g., Forrest and Yip 2013)。多数の国で〝賃貸世代〟の形成が指摘され、家族をもち、家を買うというパターンのライフコースが必ずしも一般的とはいえなくなった（e.g., Dorling 2014, McKee 2012)。世帯内単身者の増加もまた、多数の国に共通する(e.g., Newman 2012)。南欧諸国では、親元にとどまる未婚の若年層がきわめて多く、さらに増えている。西欧・アングロサクソン諸国では、世帯内単身者は少なかった。しかし、その割合は上昇し、〝親の家世代〟の出現をどのように説明・評価するのかが論点となった。

日本と他の先進諸国では、私有住宅とその資産価値は、戦後〝社会契約〟を構成する中心要素であった。前世紀の大半の期間を通じて、若い世代は、先行世代に比べて、少なくともマテリアルな側面に関し、より豊かになることをほとんど「約束」されていた。この「約束」の中心には、持ち家資産の所有があった。世代交代にともなう物質上のさらなる発展についての人びとの期待または確信によって、社会統合の安定が持続した。言いかえれば、新たな世紀の若い世代の住宅事情は、「約束」が不履行になる傾向を反映する点で、〝社会契約〟の綻びを示唆する。

3．住宅資産の不均等分布

ポスト成長段階に入った日本では、持ち家取得の〝フロー〟の停滞に加え、住宅〝ストック〟とその資産価値の不均等分布が社会を再階層化する(Hirayama and Izuhara 2018)。若い世代の持ち家取得は減った。しかし、〝成熟した持ち家社会〟を形成する日本では、〝持ち家世代〟が不動産資産および金融資産をすでにたくわえている。そのストックは、おもに家族のなかで分配され、次世代の住まいの状況を階層化する。〝賃貸世代〟では、住宅の自力購入が難しくなる一方、親がどのような住宅を所有しているのか、それを相続するかどうか、自身の住宅を買うとすれば、親から資金援助を得られるかどうか、といった変数が持ち家取得の可能性に影響する。〝親の家世代〟が住んでいるのは、親が維持している住宅ストックにほかならず、他方で、親の家にとどまるという選択肢をもたない人たちがいる。

人口・経済の停滞のなかで、住宅の資産価値は不安定化し、そして偏在する(Hirayama and Izuhara 2018)。人口減少がはじまったにもかかわらず、住宅は増え続け、空き家率が上がった。経済は不確実なままである。このため、住宅ストックの資産としての価値は、安全とはいえず、不均等に分布する。住宅資産の「不安定と偏在」のなかで、ある家族は市場評価の高い〝富〟としての住宅を所有し、別の家族の住宅には資産価値が少ししかないという階層化が進み、さらに、空き家のままで所有者に管理負担をもたらすだけの〝無駄〟な住宅が増大する。成長後の社会の住宅資産は、価値の高低によって階層化し、〝富〟と〝無駄〟に分裂する(平山 2018)。

トマ・ピケティの社会的不平等論は、長期にわたる資本の構造変化に関する実証分析にもとづき、住宅領域を含む幅広い分野から注目を集めた(Piketty 2014)。ピケティによれば、欧州における資本の価値は、一八～一九世紀では安定していたのに対し、二〇世紀になると、二度の世界大戦の影響によって激減し、第二次世界大戦後にふたたび増大した。そして、戦後の資本回復では、住宅価値の割合が大幅に上がった。これは、戦後社会の不平等研究において住宅資産分析が不可欠になることを含意する。ピケティの不平等論の要点は、労働所得と資本所有の比較にある。ピケティによると、住宅を含む資本の所有に関する不平等が労働所得のそれより大きく、その傾向は、経済成長率が下がると、より顕著になる。第一次世界大戦から第二次世界大戦後の高度成長期にかけて、戦争による資本破壊のために、資本所有にもとづく不平等は縮小し、増大する労働所得が人びとの平等化を促進した。これに対し、一九八〇年代以降の成長率が下がった時期では、労働所得の伸び率の低下にしたがい、資本所有の差から生じる不平等が拡大した。ピケティの指摘は、成長率が下がった社会の再階層化を促進するドライバーとして、住宅資産の不平等に注目することの重要さを示唆する。

住宅社会学者のレイ・フォレストと筆者は、〝成熟した持ち家社会〟における住宅資産所有の発展段階について、一つのモデルを出した(Forrest and Hirayama 2018)。持ち家社会の初期段階では、不動産担保のモーゲージ（住宅ローン）にもとづく「モーゲージ持ち家」が増大する。これに続いて、人口が高齢化し、モーゲージを完済した世帯が増えるにしたがい、「アウトライト持ち家」が増加する。アウトライトとは、住宅ローンの返済を終え、あるいは住宅ローンを利用せずに持ち家を取得し、債務をともなわない状態をさす。アウトライト持ち家では、モーゲージ持ち家に比べて、市場価値が同程度であれば、エクイティがより多い。エクイティとは、資産価値から負債を除いた純資産をさす。〝成熟した持ち家社会〟とは、アウトライト住宅が増え、不動産エクイティが蓄積した社会にほかならない。

そして、住宅エクイティをたくわえた〝後期持ち家社会〟では、住宅不動産の価値が世代を超えて継承され、いっそう偏在する。この点が、社会を階層化する新たなメカニズムの核心を構成する。上位の階層には、複数世代にまたがって住宅資産をさらに増やす「蓄積家族」(real estate accumulators)が存在し、下位の階層では、親世代から子世代にかけて、住宅資産の目減りを経験する「食いつぶし家族」(housing wealth dissipaters)が増える。さらに、最下層には、複数世代にわたって、住宅をいっさい所有せず、賃貸セクターにとどまる「賃貸家族」(perpetually renting families)がいる。

4. ネオリベラル時代の住宅システム

住宅システムのあり方はどう変化し、社会の再階層化にどう影響したのか。多くの資本主義諸国は、持ち家促進の住宅システムを構築したうえで、しだいに新自由主義（ネオリベラリズム）の方向に向かった。これを反映し、市場商品としての持ち家の生産・消費が拡大した。政府の住宅政策がはたす役割の一つは、所得再分配を進め、より低所得の階層の住宅事情を改善する点にあった。しかし、ネオリベラルのイデオロギーが台頭するにしたがい、低所得者向け住宅政策は縮小し、その再分配機能は衰えた。住宅の商品化をめざし、再分配を減らす政策・制度は、社会の再階層化を促進する深刻な原因となった(e.g., Glynn 2009; Madden and Marcuse 2016; Rolnik 2013)。

戦後の資本主義社会の多くは、ケインズ主義の市場介入政策を展開すると同時に、より包括的な福祉国家の建設をめざし、その枠組みのなかで、住宅政策を発達させた。しかし、一九七〇年代初頭にドルショック(七一年)、ブレトンウッズ体制の崩壊(七一年)、オイルショック(七三年)などの危機が立て続けに発生し、それ以来、成長率は低下し、資本主義経済はより不安定になった。この危機は、「大きな政府」に対する批判を勢いづけ、新自由主義の勢力拡大を刺激した。

資本主義社会では、アメリカ、イギリスの住宅政策が一九八〇年代初頭にネオリベラルの方向に明確に転換し、多くの国がこれに続いた。新自由主義の住宅システムは、アングロフォン・西欧諸国にとどまらず、資本主義のグローバル化につれて、多数の地域に波及し、〝持ち家社会のグローバル化〟をもたらした(平山 2009)。前世紀の末に、社会主義体制をとっていた旧ソ連と東欧諸国が市場経済を導入し、東アジア諸国の経済成長が加速した。これらの地域の住宅システムは、新自由主義の影響のもとで、商品住宅の生産・消費を増大させた。

ネオリベラルの住宅システムを特徴づけるのは、〝金融化〟(financialisation)である(Aalbers 2016; Forrest and Hirayama 2015)。金融化とは、経済、企業、国家および世帯の構造変容における金融関連の機関、市場、実践、言説などの支配力の増大を意味する。モーゲージ市場を拡大し、自由化することで、借入条件を改善した多様な住宅金融商品の販売を増やし、持ち家購入を促進しようとする政策がとられた。

住まいの金融化は、住宅それ自体の文脈だけではなく、より広く資本主義体制の維持に関する文脈のなかで理解される必要がある。ドイツの社会学者であるヴォルフガング・シュトレークが言ったように、資本主義経済が一九七〇年代に危機に陥って以来、成長率の低下に抵抗するための政策手段の中心は、国家債務から個人債務に移った(Streeck 2014)。政府は、公共事業などで景気を刺激するために、国債発行を重ねた。これに続いて、政府だけではなく、むしろ個人の借金を促進する手法がとられた。その主力となったのは、モーゲージによる持ち家促進であった。住宅ローンなどの個人債務を増やし、成長の減速をくいとめようとする政策を、イギリスの政治経済学者であるコリン・クラウチは「民営化されたケインズ主義」と呼んだ(Crouch 2011)。

日本では、新自由主義の政策はどのように発展したのか。それは何らかの時点でいっきょに全面的にスタートしたのではなく、段階的に発達したとみる必要がある(菊池 2016)。日本政府は、一九七三年のオイルショックとそれに続く成長率の低下に対応し、経済回復を刺激するために、住宅ローン供給を拡大し、住まいの金融化によって、持ち家建設を増大させる方向に住宅政策を転換した。ここには、新自由主義の傾向がすでに現れている。続いて、一九八〇年代になると、行政改革の文脈のなかで、住宅政策に関する「大きな政府」を解体する方向が示された。新自由主義の政府方針は、しだいに鮮明さを増し、一九九〇年代半ばには、住宅と住宅ローンのほとんどすべてを市場にゆだねる政策がとられた(Hirayama and Ronald 2007)。

新自由主義の住宅システムは、商品住宅の市場拡大をめざし、私有住宅に根ざす社会形成を支えようとするにもかかわらず、住宅バブルの発生・破綻を引き起こし、持ち家社会を危機に陥らせる。住宅価格のインフレーションは、人びとの住宅取得能力を引き下げることから、その回復のために、住宅システムの金融化が加速され、それが住宅インフレーションをさらに刺激する。このサイクルの果てに、住宅バブルが膨張し、そして、破裂する。不動産の「担保化の過剰」のために、バブル破綻が金融システムに壊滅的な打撃を与えることは、日本のバブル崩壊(一九九〇年代初頭)、アジア通貨危機(九七〜九八年)、世界金融危機(二〇〇七〜〇八年)などが証明したとおりである

ポストバブルの住宅システムをどのように構想するのかが、日本を含む多数の国に共通する問いとなった。金融システムのメルトダウンが起こったにもかかわらず、新自由主義に代わる有力なイデオロギーは、依然として現れていない(Crouch 2011)。しかし、住宅とモーゲージの商品化に傾くシステムが持続するとは限らない。脱成長の傾向を強め、人口・経済が停滞する日本の〝後期持ち家社会〟は、商品住宅の市場拡大がより困難になるケースとして位置づけられる。新自由主義のイデオロギーと人口・経済実態の不整合が、日本の住宅システムの条件を特徴づけている。

5．住宅資産型福祉について

人口と社会の高齢化に対応することは、多くの福祉国家に共通する課題である。これに関し、重要さを増したのは、「住宅資産型福祉」(housing asset-based welfare)のコンセプトである(平山 2011)。福祉国家は、高齢化する社会を支えるために、年金保険、医療保険、社会福祉などの社会保障制度を運営する。しかし、高齢者の増大は、社会保障関連の国家負担を重くする。新自由主義のイデオロギーは、多数の国を市場指向の政策実践に向かわせた。ここで描かれるのは、福祉国家は、社会保障を整備するだけではなく、人びとに資産形成を促し、それにもとづいて社会安定を保つという構想である。この枠組みにおいて、「住宅資産型福祉」が立脚するのは、私有住宅が福祉国家の社会保障を代替し、〝私的社会保障〞として高齢期のセキュリティをつくるという筋書きである。

持ち家によるセキュリティ形成の一つは、住居費負担の軽さにもとづく。高齢期に入った人たちの大半は、収入の大幅減を経験する。しかし、多くの高齢世帯は、アウトライト持ち家に住み、住宅ローンを完済していることから、管理・修繕費と不動産関連税を負担するにせよ、大規模な住居費負担から逃れることができる。セキュリティとしての住宅所有のもう一つの役割は、資産形成である。金融資産と異なり、不動産資産は「凍結」し、その流動性は低い。しかし、その売却・換金は、高齢者向け住宅・施設への転居などを可能にする。さらに、リバースモーゲージに代表されるように、住宅資産を処分せず、保有したままで「液状化」し、収入に転換する手法がある。これは、エクイティを建物から切り離し、引きだす技法であることから、エクイティ・リリース(equity release)またはエクイティ・ウィズドゥラウアル(equity withdrawal)と呼ばれる。

イギリスの住宅・都市社会学者であるリック・グローヴズらは、東アジア諸国の住宅システムについて、同地域の住宅研究者との共同研究を組織し、その成果から、「持ち家資産に依存する福祉国家」(property-owning welfare state)の出現を指摘し、西欧の福祉国家もまた住宅資産を重視しはじめたと述べた(Groves et al. 2007)。これに続いて、欧米・東アジア諸国の「住宅資産型福祉」に関する分析が活性化し、幅広い議論が蓄積した(e.g., Dewilde and Ronald 2017; Doling and Elsinga 2012)。福祉国家と住宅の関係に関する考察は、政府セクターが供給する低所得者向け住宅などを対象とし、社会的領域のなかでの住宅政策の役割に焦点を合わせてきた。しかし、この方法だけでは、住まいと福祉国家の関係の一面しかとらえられない。持ち家が大衆化した社会では、私的領域の住宅と福祉国家を関連づける視点が必要になる。

一方、「住宅資産型福祉」は、特定の条件のもとでしか成り立たない(Hirayama and Izuhara 2018)。持ち家セクターの経済安定が減ると、住宅資産による福祉供給は縮小する。世界金融危機までの欧米諸国の多くでは、住宅価格が上がり続け、私有住宅の資産価値は増大した。住宅インフレーションは、持ち家世帯のセキュリティをより強固にすると想定された。しかし、世界金融危機とそれに続く経済停滞は、住宅の資産価値を不安定にし、持ち家社会の脆さを露呈した(e.g., Schwartz and Seabrooke 2009)。

これに加え、社会の再階層化は「住宅資産型福祉」の基盤を掘り崩す要因になる(平山 2011; Hirayama, 2010)。成長率が高く、中間層の厚みが増した時代では、持ち家の大衆化によって、住宅資産によるセキュリティ形成の普遍性が高まると考えられた。しかし、成長率の低下にともない、中間層は縮小した。持ち家を新たに取得しようとする世帯の〝フロー〟が停滞し、住宅〝ストック〟の価値が偏在するなかで、「住宅資産型福祉」の普遍性は減った。

日本社会の高齢化はとくに著しい。その福祉国家は、住宅の私的所有にますます依存し、そして同時に、持ち家社会のさらなる不安定化に直面する、という矛盾に捕らえられている(平山 2011; Hirayama 2010)。バブル経済が破綻して以来、住宅の資産価値は安全ではなくなった。住宅ストックは〝富〟と〝無駄〟に分解し、その資産所有は階層化した。高齢世帯の持ち家率は高い。しかし、高齢人口の増大によって、賃貸住宅に住む高齢者の絶対数は、少なくとも二一世紀半ばまでは、大幅に増える。高齢の借家人は、不動産資産をもたず、金融資産を少量しか保有していないため、セキュリティの危機に直面する。新たな〝賃貸世代〟は、高齢期までに不動産をもつとは限らず、取得するとしても、所有不動産の価値が安定するとは限らない。増えている〝親の家世代〟の人たちは、親が建てた家に住み続けるとしても、その物的状態と資産価値を保全できないケースがある。高齢化する日本の福祉国家は、持ち家セクターにいっそう依存し、同時に、その依存が維持可能なのかどうかを問われる段階にある。

6. 分岐/収束からの展望

住宅システムの将来を展望するには、国際比較理論における分岐論と収束論を交差させることが一つの有力なアプローチになる。住宅研究の領域では、住まいに関する政策・制度の分岐を理解しようとするタイポロジーが発達した。たとえば、よく知られているように、エスピン-アンデルセンは、先進諸国の雇用と社会保障の分析から福祉レジームを自由主義、保守主義、社会民主主義に分類するモデルを一九九〇年に出した(Esping-Andersen 1990)。これを住宅領域に応用した多くの研究によれば、住宅システムのパターンは福祉レジームに相関する側面をもつ(e.g., Kurz and Blossfeld 2004)。住宅社会学者のジム・ケメニーは、住宅テニュアに着目し、西欧・北欧・アングロサクソン諸国における住宅システムの類型論を展開した(Kemeny 1995)。ケメニーによると、住宅システムは、賃貸セクターの構成の違いから、デュアリズムとユニタリズムに大別される。エスピン-アンデルセンとケメニーは、異なる対象に異なる方法で切り込む一方、社会保障・雇用・住宅などに関する政策・制度をイデオロギーと政治のパワーバランスから説明し、差異をともなう社会的な構築物としてとらえる認識の仕方を提案した点で共通性をもつ(平山2009)。

住宅システムの類型論は、もっぱら西洋の経験にもとづいていた。しかし、東アジア諸国の経済が成長し、社会政策が拡大するにしたがい、その住宅システムをどう理解するのかが新たに問われた(e.g., Chiu and Ha 2018; Doling and Ronald 2014)。ここから発達したのは、東アジアの住宅システムの独自性をみることで、西洋諸国のみを対象としていた住宅研究の領域に、イースト/ウェストの比較分析を持ちこむ試みであった。とくに巨大国家、中国の住宅システムは幅広い注目を集め、その発達に関する考察が増えた(e.g., Wang and Shao 2014)。さらに、東欧諸国では、社会主義体制が崩壊し、市場経済が導入された。この地域を対象とし、住宅システムの劇的な変化をみようとする研究が発展した(e.g., Lowe and Tsenkova 2003)。

一方、新自由主義の影響力が増すにつれて、多くの国の住宅システムは、商品住宅の市場を拡張し、モーゲージの販売・購入を促進する点で、同じような方向に向かった。この文脈から、住宅システムの分岐だけではなく、収束に注目する議論が現れる。たとえば、ケメニーが社会賃貸住宅の位置づけが異なる住宅システムの類型論を示したのに対し、イギリスの社会科学者であるマイケル・ハーロウは、欧米諸国の社会賃貸セクターの歴史をたんねんに調査し、それが共通して周縁化したことを重視した(Harloe 1995)。

世界金融危機に代表される資本主義体制の危機は、政治経済学――またはマルクス主義社会科学――の「再生」を刺激する(e.g., Aalbers and Christophers 2014)。そこでの住宅システムの比較理論は、差異ではなく、発展パターンの共通性を重視する。住宅の政治経済学を展開するマニュエル・アールバースによれば、異なる国の異なる住宅システムは、異なったままである一方、変化の方向については、私有住宅とモーゲージの市場拡大をめざす点で、類似した軌道をたどった(Aalbers 2015)。これは、新自由主義のイデオロギーと政策の反映にほかならない。アールバースは、住宅システムの分岐を否定せず、むしろはっきり認識し、そのうえで、変化の道筋の類似性に注意を促した。

住宅システムのあり方は、分岐と収束の交錯のなかにある。新自由主義のイデオロギーは、グローバルに広がった。他方で、住宅が土地に固定され、ローカルな存在である点に変わりはない。その制度は、特定の社会構造のなかに埋め込まれ、経路依存(path dependence)の性質をもつ。制度の経路依存とは、その変化が歴史経緯から制約を受け、過去の道筋から無縁ではありえないことを意味する。住まいの商品化、私有化、金融化、そして市場化を推進しようとするグローバル・レベルの力は、ローカル・レベルの社会・経済・政治構造に接触することで、変形せざるをえない(Forrest and Hirayama 2009)。均質化のイデオロギーと経路依存の制度が交錯するところから、住宅システムの新たな変化が起こる。

日本の住宅システムもまた、分岐と収束のせめぎ合いのなかにある。その条件の特質の一つは、人口・経済の脱成長がとくに著しい点である。日本では、他の先進諸国に比べ、人口減少・高齢化の度合いと速度が突出し、経済はより長い期間にわたって停滞したままとなった。このため、ポスト成長時代の住宅システムにどういう変化が起こるのかに関し、日本はきわだつケースとなる（Hirayama and Izuhara 2018）。さらに、東アジアのなかで、日本の人口・経済変化は、顕著であるだけではなく、先進の位置を占める。予測によれば、香港、韓国、台湾、シンガポールでは、高齢者人口が二〇四〇年までに三割を超え、台湾では二〇二〇年代、中国と韓国では二〇三〇年代に人口が減りはじめる。東アジアの多くの国は、依然として高い成長率を示している。しかし、経済の成熟にしたがい、不安定化は避けられない。ポスト成長社会の収束／分岐の文脈のなかで、日本は、先鋭事例になるとみられる。

検討すべきは、社会変化のなかに住宅システムをどのように埋め込み直すのかという論点である——住宅関連の新たな〝社会契約〟が可能なのかどうか、可能であるとすれば、それは、誰に、何を「約束」し、どのような政策・制度を必要とするのか。住まいの生産・消費を方向づけるシステムは、住宅事情に影響するだけではなく、より広く社会・経済・政治・イデオロギーの文脈を反映し、そして形成する。戦後に拡大した持ち家セクターは、社会形成の構造に埋め込まれ、人びとのライフコース、福祉国家の政策方針、経済成長のメカニズム、社会統合の程度などに関係した。日本を含む先進諸国の住宅事情は、しだいに改善した。住宅の量が増え、質は向上した。住宅不足はおおむね解消し、極度に劣悪な住まいは減った。しかし、新たな時代の住まいの状況は、住宅それ自体の量と質をみるだけでは、理解できない。より大切なのは、住宅と社会変化の関係をどう理解し、どう説明するのかという問いに挑戦することである。

[参考文献]

Aalbers, M. B. The great moderation, the great excess and the global housing crisis, *International Journal of Housing Policy*, 15 (1), 2015, pp.43-60.

Aalbers, M. B. *The Financialization of Housing: A Political Economy Approach*, London: Routledge, 2016.

Aalbers, M. B. and Christophers, B. Centring housing in political economy, *Housing, Theory and Society*, 31 (4), 2014, pp.373-394.

Chiu, R. L. H. and Ha, S-K. *Housing Policy, Wellbeing and Social Development in Asia,* London: Routledge, 2018.

Crouch, C. *The Strange Non-Death of Neoliberalism*, Cambridge: Polity Press, 2011.

Dewilde, C. and Ronald, R.(eds.) *Housing Wealth and Welfare,* Cheltenham: Edward Elgar, 2017.

Doling, J. and Elsinga, M. *Demographic Change and Housing Wealth: Home-owners, Pensions and Asset-based Welfare in Europe,* Heidelberg: Springer, 2012.

Doling, J. and Ronald, R.(eds.) *Housing East Asia: Socioeconomic and Demographic Challenges,* Basingstoke: Palgrave Macmillan, 2014.

Dorling, D. *All That Is Solid,* UK: Penguin Books, 2014.

Esping-Andersen, G. *The Three Worlds of Welfare Capitalism,* Cambridge: Polity Press, 1990.

Forrest, R. and Hirayama, Y. The uneven impact of neoliberalism on housing opportunities, *International Journal of Urban and Regional Research,* 33(4), 2009, pp.998-1013.

Forrest, R. and Hirayama, Y. The financialisation of the social project: Embedded liberalism, neoliberalism and home ownership, *Urban Studies*, 52(2), 2015, pp.233-244.

Forrest, R. and Hirayama, Y. Late home ownership and social re-stratification, *Economy and Society,* 47 (2), 2018, on line.

Forrest, R. and Yip N-M.(eds.) *Young People and Housing: Transitions, Trajectories and Generational Fractures,* London: Routledge, 2013.

Glynn, S. *Where the Other Half Lives: Lower Income Housing in a Neoliberal World,* New York: Pluto Press, 2009.

Groves, R. Murie A. and Watson C.(eds.) *Housing and the New Welfare State: Perspectives from East Asia and Europe,* Aldershot: Ashgate, 2007.

Harloe, M. *The People's Home? : Social Rented Housing in Europe and America,* Oxford: Blackwell, 1995.

Harvey, D. *A Short History of Neoliberalism,* Oxford: Oxford University Press, 2005.

平山洋介『住宅政策のどこが問題か』光文社、二〇〇九年。

平山洋介『都市の条件——住まい、人生、社会持続』NTT出版、二〇一一年。

平山洋介「富か、無駄か——付加住宅所有の階層化について」『日本建築学会計画系論文集』八三巻七四五号、二〇一八年、四八三〜四九二頁。

Hirayama, Y. The role of home ownership in Japan's aged society, *Journal of Housing and the Built Environment,* 25 (2), 2010, pp.175-191.

Hirayama, Y. The shifting housing opportunities of younger people in Japan's home-owning society, in R. Ronald & M. Elsinga (eds.) *Beyond Home Ownership: Housing, Welfare and Society,* pp.173-93, London: Routledge, 2012.

Hirayama, Y. Housing and generational fractures in Japan, in R. Forrest and N-M. Yip (eds.) *Young People and Housing: Transitions, Trajectories and Generational Fractures,* pp.161-78, London: Routledge, 2013.

Hirayama, Y. and Izuhara, M. *Housing in Post-Growth Society: Japan on the Edge of Social Transition,* London: Routledge, 2018.

Hirayama, Y. and Ronald R.(eds.) *Housing and Social Transition in Japan,* London: Routledge, 2007.

Kemeny, J. *From Public Housing to the Social Market: Rental Policy Strategies in Comparative Perspective,* London: Routledge, 1995.

菊池信輝『日本型新自由主義とは何か——占領期改革からアベノミクスまで』岩波書店、二〇一六年。

Kurtz, K. and Blossfeld, H-P.(eds.) *Home Ownership and Social Inequality in Comparative Perspective,* Stanford: Stanford University Press, 2004.

Lowe, S. and Tsenkova, T. *Housing Change in East and Central Europe: Integration or Fragmentation?* Aldershot: Ashgate, 2003.

Madden, D. and Marcuse, P. *In Defense of Housing,* London: Verso, 2016.

McKee, K. Young people, homeownership and future welfare, *Housing Studies,* 27 (6), 2012, pp.853-862.

Newman, K. S. *The Accordion Family: Boomerang Kids, Anxious parents, and the Private Toll of Global Competition,* Boston: Beacon Press, 2012.

Piketty, T. *Capital in the Twenty-First Century*, Cambridge: The Belknap Press of Harvard University Press, 2014.
Rolnik, R. Late neoliberalism: the financialization of homeownership and housing rights, *International Journal of Urban and Regional Research*, 37 (3), 2013, pp.1058-66.
Schwartz, H. M. and Seabrooke, L. (eds.) *The Politics of Housing Booms and Busts*, Basingstoke: Palgrave Macmillan, 2009.
新川敏光『日本型福祉の政治経済学』三一書房、二〇一四年。
Streeck, W. *Buying Time: The Delayed Crisis of Democratic Capitalism*, London: Verso, 2014.
Wang, Y-P. and Shao, L. Urban housing policy changes and challenges in China, in J. Doling and R. Ronald (eds.,) *Housing East Asia: Socioeconomic and Demographic Challenges*, pp.44-70, Basingstoke: Palgrave Macmillan, 2014.

第 Ⅶ 章

住宅研究というフロンティア

祐成 保志（東京大学大学院 准教授）

1. 住宅研究と建築学・社会学

建築学は、さまざまな人工物環境を扱う。そのなかで、住宅は特別な地位を占める。住宅が建築学の出発点であるとともに最終的な目的地でもあると言っても、反論する人は少ないだろう。住宅の建築やその研究に携わる人がどれほど多いかとは別に、住宅には象徴的な正統性や、戦略的な重要性が与えられている。それゆえに、「住宅研究のない建築学」は想像できない。では、住宅研究の側から見た場合はどうだろうか。やはり、その中核には建築学がある。「建築学のない住宅研究」も、ありえないだろう。

この点で、筆者が専攻する社会学は、建築学と対極的な位置にある。社会学者は、文字通り、あらゆる社会現象を扱ってきた。そのなかには、もちろん住宅も含まれる。しかし、住宅研究は、社会学のなかではマイナーである。社会学が住宅を扱うことは自明ではない。社会学者にとって、住宅は数ある対象の一つにすぎないからだ。「住宅研究のない社会学」に抵抗を感じる社会学者は、あまり多くはないだろう。そして、住宅研究の側から見た場合も、社会学は必須科目ではない。「社会学のない住宅研究」も、十分にありうる。

建築学と住宅研究の間には、濃密で、途切れることのない結びつきがある。これに対して、社会学と住宅研究のかかわりは淡く、断続的である。建築学と住宅研究が親族のような関係だとすれば、社会学と住宅研究は、お互いに旅人（訪問客）のような関係だと言えるのかもしれない。とはいえ、これまで何人かの社会学者が、住宅研究に足跡を残してきた。そのなかには、途中で消えてしまったものもあれば、次第に踏み固められてきた道もある。これらをたどることで、建築学からは見えにくい、住宅研究の課題と可能性を明らかにできるのではないか。それが、本章の問題意識である。

2．社会学と住宅研究の出会い

社会学の住宅研究史について、まとまった本はない。こういうときに便利なのがアメリカの*Annual Review*という年刊誌である。分野ごとに発行されており、研究動向をおさえた論文が発表される。その社会学版、*Annual Review of Sociology*では、これまでに一九八〇年、二〇一三年、二〇一六年の三回、住宅研究のレビュー論文が掲載されている。新しい方から順にみていこう。

二〇一六年のレビューは、J・ザヴィスカ（アメリカの社会学者）らによる「住宅が与える社会経済的・人口統計学的・政治的影響——比較の観点から」である。冒頭から、著者は「住宅は社会学のなかの未発達の研究領域である」（Zavisca and Gerber 2016: 348：文献18）と断言する。そして、社会学の研究に住宅が登場するときには、「カメオ出演」のような扱いを受けてきたという指摘が続く。住宅は主役でも重要な脇役でもなく、あくまでもゲストの立場に留まるというのだ。この比喩は、社会学と住宅研究の関係を巧みに表現している。もっとも、その状況は変化しており、住宅という変数の重要性を実証的に明らかにする研究が蓄積されてきたという。

二〇一三年のレビューは、M・パッティロ（アメリカの社会学者）による「住宅——商品か、それとも権利か」である。ザヴィスカらが計量的な分析に重点を置いたのに対して、パッティロは住宅の政治的な意味に着目し、居住の権利を守る社会運動と、それらを通じて形成された認識にも光を当てた。この二つのレビューがそれほど間を空けずに掲載されたことは、近年のアメリカの社会学で住宅研究が多様に展開しつつあることを物語る。そして、最初のレビューである一九八〇年から三〇年もの時間が経っているのは、空白・停滞の期間が長かったことを示唆している。

「初期のアメリカ社会学は、住宅という物の特性に強い関心をもっていた」(Pattillo 2013: 510：文献14)。このように述べるパッティロは、社会学の草創期である一九世紀末から二〇世紀初めに注意を向ける。そして、黒人の生活実態を明らかにしたW・E・B・デュボイスの研究を紹介している。デュボイスは黒人解放運動の指導者として知られるが、もともとは社会学者である。社会学が思弁的な学問にとどまり、実証研究そのものが乏しかった時代にあって、彼の調査は画期的なものだった。

パッティロによれば、デュボイスが描き出そうとしたのは、住宅をめぐる重層的な「アレンジメント」だという。すなわち、①「室内の調度品、設備、密度、維持管理状況」、②「階級と人種がからみあった黒人労働者と白人家主の関係」、③「居宅の空間配置」、④「劣悪な居住状態が日常の雑事、家族生活、移動・移住パターンに及ぼす影響」である。

それらは、住宅に関する社会学的な問いのリストと言えるだろう。①は、家の中でのモノの置き方(しつらえ)や部屋の使い方(住み方)である。②は、黒人と白人という集団の間の関係をさしている。黒人にとって、白人は雇用主でもあり、家主でもある。黒人は「人種」「労使」「貸借」という社会関係の重なり合いのなかで、圧倒的に不利な立場に置かれていた。そして、③では家の中の状況ではなく、住宅がどこに立地しているかが扱われる。④では、そうした低い居住水準が、居住者に対して短期的、長期的にどのような影響を与えるかが問われる。

ここからわかるのは、社会学と住宅の出会いは、意外に古い歴史をもっているということだ（同様のことは日本の社会学についても言える。祐成・平井・西野 2012参照：文献15）。住宅研究は社会調査の誕生にかかわっていた。しかもこの時点で、現在でもなお意味を失っていない、住宅問題の核心に迫る問いが提出されていた。ただしそれは、デュボイスという驚異的な知性の持ち主だからこそなしえたことだった。その後、彼を受け継ぐ研究が次々に現れたわけではなく、むしろ孤立した仕事として、社会学史のなかで異彩を放っている。

一九八〇年のレビューは、簡潔に「住宅の社会学」と題された。著者のD・フォーリー（アメリカの社会学者）は、住宅研究の起点を二〇世紀半ばに置く。それは、デュボイスのような早すぎた先駆者の模索とは違って、住宅研究が組織的に取り組まれはじめた時代である。「一九四〇～五〇年代、公営住宅団地は相当数の社会調査の関心の的となった。この時期の調査が、住宅の社会学に対するアメリカ流のアプローチを確立した」（Foley 1980: 463：文献5）。その特徴は、住宅政策の評価を重視するところにある。当時の最も重要な研究としてフォーリーが挙げるのが、R・K・マートン（アメリカの社会学者）の論文「住宅の社会心理学」（一九四八年）である。

3．住宅研究の「落とし穴」

このあたりで*Annual Review of Sociology*から離れて、マートンの住宅研究について掘り下げてみたい。彼の論文は、「コロンビア-ラヴァンバーグ研究」（一九四四～四八年）と呼ばれる大規模な研究プロジェクトの中間報告として書かれた。このプロジェクトの実施主体はコロンビア大学の応用社会調査研究所で、マートンが副所長を務めていた。研究資金は、ニューヨークで低所得者向けの住宅供給を行なっていたラヴァンバーグ財団が提供した。

この調査が行われた背景には、アメリカの住宅政策の急拡大がある。ニューディール政策の一環として一九三七年に住宅法が成立し、低所得者向けの住宅供給に連邦レベルでの法的根拠が与えられた。彼が対象としたのは住宅一般ではなく「計画的コミュニティ」――公共団体などの事業主体によって開発された住宅地や集合住宅――である。「自由」を信条とするアメリカ社会で、にわかに沸き上がった「計画」への熱意のなかで、この調査は企画されたのである。

マートンは二〇世紀のアメリカを代表する社会学者の一人である。しかし、その住宅研究はまったくと言っていいほど知られていない。彼が同時期に携わったマスメディア研究（『大衆説得』の邦訳がある）とは対照的である。もっとも、彼の住宅研究には「住宅の社会心理学」以外に公刊された成果がほとんどないのだから、仕方のないことではある。

「住宅の社会心理学」で紹介されるのは、①住宅団地のパブリックイメージ、②交友関係に与える空間的配置の影響、③計画的コミュニティにおける人種関係に関する調査結果である。それぞれ、①補完的投影、②機会構造、③自己成就的予言という理論的な問題に対応し、①住宅地の管理、②空間の設計、③住民人口構成の計画的調整という実務的方針の策定にかかわる。ここでマートンが示そうとしたのは、理論に根差すとともに政策への応用にも開かれた経験的研究のモデルであった。

とりわけ興味深いのは、社会（心理）学と住宅研究の関係についての自己反省的な考察が含まれている点である。計画的コミュニティは、「社会科学の研究にとって、比類なき実験室」（Merton 1948: 145：文献11）であるという。なぜかといえば、「ほどよく自己完結した領域的単位となっているため、社会的相互作用のパターンを、より容易に追跡、分析することができる」（ibid.）からだ。実際、コロンビア大学のグループだけでなく、いくつかの有力大学で、競い合うように類似の調査が実施された。マートンはこの動きに巻き込まれつつも、事態を冷静に観察していた。彼は社会学者に向けて、住宅研究には次のような四つの「落とし穴」があると警告する。

(1) 制度をめぐる十字砲火

住宅について何か発言すると、どんな制度が望ましいかをめぐる論争に巻き込まれる。人種が混住する住宅地では人種間の対立や摩擦が起きていると報告すれば、混住を支持する陣営から反発を受ける。逆に、同じ住宅地でも適切な管理によって人種間の友好的な関係が形成されつつあると報告するならば、居住分離を主張する陣営から糾弾される。意味のある調査であればあるほど、その結果は一方の陣営に重宝され、他方の陣営からの攻撃の対象になる。

（2） 要望の競合

住宅という複合的な制度には、さまざまな分野の専門家がかかわる。たとえば、建築家、大規模住宅団地の管理人、住宅開発をおこなう民間企業、行政担当者、不動産業者、都市計画家など。彼らはそれぞれの業務に応じた問題意識をもっており、研究者に、それぞれの要求をつきつける。いずれかの要望にこたえる研究は、他の専門家にとっては無意味かもしれない。

（3） 緊急性

住宅研究は実務的な決定（住宅政策や不動産開発など）の根拠となることを期待されているが、実務のテンポは研究のテンポに比べて速い。しかも、この分野の社会学的調査は始まったばかりであり、利用可能な蓄積がほとんどない。研究者は、根拠にもとづく確固とした結果を得ないうちから、早く結果を出すようにとの圧力を受ける。

（4） 実用主義

実務家たちは、まるでキニーネを求めるマラリア患者のように、すぐに応用できる結論を求める。キニーネのどんな成分がマラリアという病気の何に作用するのか、そのメカニズムをつきとめることは眼中になく、とにかく「効く」かどうかだけに関心を向ける。

この研究が住宅供給を通じた社会改良を目指す団体からの助成を受けて行われていることを考えれば、ずいぶん辛辣な内容である。とはいえ、これらの指摘には、七〇年という時間を忘れさせる臨場感がある。住宅研究者が直面する板ばさみ状況が的確に言語化されている。その根底には、現場と研究の関係はいかにあるべきかという、普遍的な問題に対する深い洞察がある。

マートンは、社会学者は住宅研究には近寄るべきではない、とか、近づかなければよかった、と言いたかったのだろうか。おそらくそうではないだろう。住宅研究には「リスクに見合った科学的収穫」(Merton 1948: 145: 文献11) があり、「長期にわたる生産的な未来が開けている」(ibid.: 135) とも述べているからだ。ただし、その後の経緯は芳しいものではなかった。調査の最終報告書『社会生活のパターン——住宅の社会学の探究』(文献12) は、どういうわけかお蔵入りとなり、現在なお公刊されていない。一九五一年頃には草稿が完成し、その後も何度か出版が試みられたものの、少数の関係者以外に、その成果が知られることはなかったのである。

4. 「中間」への着目

二〇一〇年、マートンの生誕一〇〇年にあわせて、コロンビア大学附属図書館は「ロバート・K・マートン文書」を開設した。公開された文書のなかには住宅研究の資料も含まれる。『社会生活のパターン』の謄写版は、全一四章、約八〇〇~九〇〇頁に及ぶ、予想を超えた大著だった。扱われるテーマは、地域のイメージ、人間関係のネットワーク、友人関係の選択過程、人種間関係、地域政治と大衆参加、プライバシーの社会的価値、管理者の役割、計画と自由の関係と多岐にわたる。

マートンたちの関心は、居住者間の社会的ネットワークを軸に、居住者の属性や経験による空間への意味づけの差異、さらには住宅地を取り巻く世論や政治の動向にまで広がっていた。居住空間の形成をめぐってさまざまな主体の間で展開される交渉の分析に踏み込んでいたのである。もしこれが出版されていたならば、住宅研究と社会学の距離は一挙に縮まったことだろう。

マートンの住宅研究は未完に終わったが、彼の周辺の社会学者の間で秘伝のように語り継がれた。一九五〇年代初頭にコロンビア大学の大学院生だったJ・コールマンは、次のような回想を残している。「計量データ分析が導入されはじめたころ、調査データと社会学の理論上の諸問題の間に、みじかい交際期間があった。〔中略〕もっとも印象的なのは、マートンによる『近刊予定の住宅研究』である。結局それは出版されないままであった」(Coleman 1990a: 28：文献3)。マートンは授業でしばしばこの調査に言及し、学生たちに知的な感動を与えた。

コールマンは「ソーシャル・キャピタル（社会関係資本）」の概念を定式化したことで知られる。その理論からはマートンの住宅研究の残響が聞こえる。調査地の一つ、戦時中に突貫工事でつくられたクラフタウンという団地は、入居当初、数多くの物理的な欠陥をかかえていた。住民たちは自発的に組織を結成し、問題の解決にあたった。当初の目的を達成したあとも、それは住民活動の核であり続けた。マートンから教えられたこのエピソードを、コールマンは次のように読み解く。「［住民組織は］この団地において生活の質を改善するために役立つソーシャル・キャピタルとなった。住民たちは、以前に暮らしていたところでは利用できない資源を獲得したのである」（Coleman 1990b = 2004: 488：文献4）

マートンの住宅研究は学際的なプロジェクトでもあった。そのことがうかがえるのが『社会問題ジャーナル』の特集号「住宅にかかわる社会政策と社会調査」（一九五一年）である。それは、マートンが企画し、建築・都市計画、住宅政策、経済学、社会学、心理学の専門家が参加したシンポジウムの記録である。この特集に巻頭論文「住宅・コミュニティ計画における社会的諸問題」を寄稿したのは、アメリカの住宅運動家C・バウアーである。一九三七年住宅法の起草者であり、「ハウザー」の異名をもつバウアーは、マートンたちの調査に大きな期待を寄せた。

バウアーの論考は、「社会科学者に向けて問いを列挙した長大なリスト」と自ら記すように、すぐには答えの出ない数多くの論点を提示している。とりわけ重要と思われるのは、住宅政策の決定に市民がいかに参加しうるかという問いである（祐成 2017：文献16）。彼女は、「ミドルマン」としての専門家こそが、住宅・都市計画において実質的な決定をくだしている、と指摘する。

「住宅・都市開発の複雑な過程のあらゆる段階において、誰かが、ありうる選択肢の重み付けを行ない、何らかの決定をくださなければならない。そして、我々の環境の形や質を左右する決定を行なうのは、消費者でもないし、消費者の需要に応える建設業者でもないし、選挙によって選ばれた人民の代表者でもない。こうした決定は、概して、公共機関や大建設業者や貸付機関に雇われた専門家の一群がくだす。これらミドルマンたちは法律を基準や規制や運営方針に翻訳し、何が有益であるかないかを進言する。彼らは住宅団地を設計、建設、管理する。彼らの決定は、むろん互いに連なり合ったものであり、特定の誰か一人が大きな力をもつわけではない。しかし、彼らは総体として、究極の犠牲者あるいは受益者、すなわち住宅を必要とする人々の住環境に対して責任を負うのである。」（Bauer 1951: 5：文献2）

ミドルマンは、組織の内部でトップと現場の間をつなぐだけでなく、集団と別の集団の間をつなぐ。より正確にいえば、つないだり、切り離したりする。バウアーは、こうした人びとの仕事を「翻訳」と「進言」と呼ぶ。ミドルマンは、言語を操る能力を武器とする、解釈と表現の専門家である。その翻訳や進言が妥当かどうかを判断することは、じつは専門家以外には困難である。そのため、形式的な決定権者がだれであろうと、専門家がどう動くかが鍵になる。

この意味でのミドルマンとよく似た概念として、イギリスの社会学者R・パールが一九七〇年前後に提起した「アーバン・マネージャー」がある。パールは、住宅をはじめとする都市生活のための希少資源の配分のされ方——利用者の側から見ればアクセスのしやすさ——に着目した。アーバン・マネージャーたちは、行政機関や民間企業などの組織のなかで一定の「裁量」を有する。彼らの判断は、純粋な市場メカニズムとも、法令の機械的な適用とも異なる。経験に根ざした知識、技術、価値観、さらにはそれらが絡まりあった合理性の感覚にもとづいたものである。彼らの行動が思いもよらぬ風穴を開けることもあれば、逆に、壁として立ちはだかることもある。パールはこうした人びとのことを「メディエーター」(Pahl 1975: 284 : 文献13)とも呼ぶ。

ミドルマンといい、メディエーターといい、日本語では「仲介者」である。それらはいずれも、「中間」の領域に光を当てている。ここでデュボイスの「アレンジメント」という概念を思い起こしたい。人と人、組織と組織ががっちりと結びついているなら、アレンジメントは要らない。結びつきが緩く、つなぎ目に隙間が空いているからこそ、仲介者が活躍できる。そして住宅は、とりわけ隙間が大きい分野なのかもしれない。大小さまざまな駆け引きの余地が広く、それだけに決着のつかない争いが生じやすい。マートンが落とし穴を強調したのは、そうした性質を強調したかったからではないか。

5. 住宅と社会の相互浸透

イギリスの政治学者S・ローは、住宅研究が「社会科学のなかで人の寄りつかない荒れ地であった」（Lowe 2011=2017: 188：文献10）と、これまた気の滅入るような評価を下している。彼の批判の矛先は、住宅を軽視してきた福祉国家研究に向けられる。イギリスには、日本の社会科学とは異なり、厚い住宅研究の蓄積がある。それでも、他の領域に比べれば未発達といわざるをえないのだろう。

このような学問の状況は、住宅政策の性質とも密接にかかわっている。ローの著書への序文で、イギリスの社会政策学者M・ヒルは、「住宅政策の責任主体は定まらず、長らく、ホワイトホール〔日本だと霞が関〕の諸省庁のあいだを行ったり来たりしてきた」（Hill 2011=2017: i：文献6）と指摘する。住宅政策は複数の省庁の政策にまたがっており、とりわけ経済と税制を担当する役所の影響力が強い。住宅は、さまざまな政策とかかわるがゆえに、かえって焦点を結びにくい。

住宅と社会の関係については、これまでも触れたようにさまざまな論者が考察してきた。そのなかで最も徹底した議論を展開したのは、イギリス出身の社会学者J・ケメニーである。彼は、住宅が社会構造に「埋め込まれていること」が、学問と政策における扱いにくさをもたらすと考えた。すなわち、「ライフスタイル、都市形態、福祉、世帯の消費パターンにおよぼす影響という点からみたとき、住宅はまさしく〔社会に〕深く浸透している」（Kemeny 1992=2014: 132：文献8）。

住宅が社会に浸透しているとはどういうことか。その具体例として、彼はスウェーデン、オーストラリア、イギリスを取り上げ、それぞれの社会の住宅所有、福祉制度、都市構造に密接な関連があることに着目した。たとえばスウェーデンは持ち家率が低く、福祉制度が整っており、集合住宅と公共交通機関が発達している。オーストラリアはその逆である。彼は、なぜこうした関連が生じるのかを説明する理論的な枠組みを提示した（Kemeny 1981; 1992=2014：文献7・8）。

ケメニーが光をあてたのは、住宅が、家族・福祉・都市という、それぞれ異なった広がりと奥行を持つシステムの結節点となっているという事実である。この洞察は、住宅に、その社会の特徴が凝縮して現れることを示唆する。住宅を社会科学の中心的なテーマに据えようとする彼の理論は大きなインパクトを与えた。「ジム・ケメニーがいなければ、住宅研究は今日とはまったく違った領域になっていただろう」（Allen 2005: 96：文献1）と評価されるゆえんである。

さて、「埋め込み」（embeddedness）というのは、少しわかりにくい概念である。それが、完全に一体化（埋没）しているわけでもなく、浮き上がっている（隔離）わけでもない、中間的な状態をさすことに注意しなければならない。ケメニーは、社会を構成する複数のシステムが、住宅によってむすび合わされていると見ている。社会構造のいたるところに隙間があいており、そこで住宅がつなぎ目の役割を果たしているというわけだ。バウアーのいう「ミドルマン」は、住宅を配分するシステムの隙間でアレンジメントを行う人びとのことであった。社会構造からみれば、住宅こそがアレンジメントの役割を担っている。そこには、一方向の浸透ではなく、「相互浸透」と呼ぶにふさわしい関係が見て取れる。

このように考えてみると、日本語の「住宅」と英語の「housing」の意味のズレが気になってくる。「住宅」という場合には、端的に建築物をさしている。しかしハウジングは動詞である。しかもそれは、「住まわせる」という他動詞である。ハウジングの根底には、「住まわせる者」と「住まわされる者」という非対称的な関係がある。日本語の「居住（住む）」は自動詞であり、「する／される」という関係は含まれていない（「宿泊」と「accommodation」のズレにも同じことが言える）。

「ハウジング」に「住宅供給」という訳語をあてることがある。しかし、まだズレは残っている。なぜなら、ハウジングは住宅という建築物の供給にとどまらず、「サービス」の供給でもあるからである。そして、サービスを行うのが必ずしも専門職とは限らないという点が住宅の特徴である。医療施設・設備・機器からサービスを生産するためには、特別な知識や技能をもった専門職の力を借りなければならない。しかし、住宅を構成する施設・設備・機器からは、居住者自らがサービスを生み出すことができる。住宅が社会構造に深く埋め込まれるのは、ハウジングに参入する際の敷居が低いためである。

埋め込みのもう一つの側面は、初期投資が大きく、長期にわたって使用されるという住宅の物的な性質にかかわっている。住宅がもたらすサービスの価値は、時間をかけて引き出される。物としての寿命が長いということは、その間に変化を被る可能性が高いということでもある。とくに重要なのは、市場との関係の変化である。住宅は基本的に市場で扱われる「商品」である。しかし、あらゆる住宅がつねに商品であるわけではない。

一度も市場に出たことのない住宅は、それほど珍しいものではない。いまだに住宅は、親族関係や近隣関係のなかで、ときには現金を介することもなく取引されることがある。それを「未商品化」の状態と呼ぶことができよう。オープンな市場で、客観的な情報をもとに取引されると、住宅は「商品化」される。しかし、頼れる社会関係が乏しく、市場に参入できるお金にも事欠く人は住宅にアクセスできない。そこで、居住の権利を守るために、政府が住宅供給を行う。それは「脱商品化」と呼ばれる局面である。

脱商品化には、それまで市場で購入されていたモノやサービスを自分で供給（ＤＩＹ）すること、すなわち自作化という意味もある。住宅は、未商品化、商品化、脱商品化、さらには再商品化という動的なプロセスの渦中にある（祐成 2018：文献17）。どのような経歴をたどるか――どのように社会に埋め込まれてきたか――によって、それぞれの住宅には他に代えがたい個性が付与されることになる。モノにはモノの生涯があるのだ（Kopytoff 1986：文献9）。

6．住宅研究というフロンティア

本書の全体を通じて、現代日本における「住宅研究のフロンティア」が明らかにされた。それを、集合／個別という軸と、フォーマル／インフォーマルという軸をもうけて俯瞰してみたのが**図1**である。本章で論じてきた、住宅と社会の相互浸透という視点にもとづくならば、四つの象限のいずれかに特化するのではなく異質な領域を「横断」するところに、住宅研究の本領があると考えられる。

これらのテーマの広がりは、日本の住宅研究の国際的な同時代

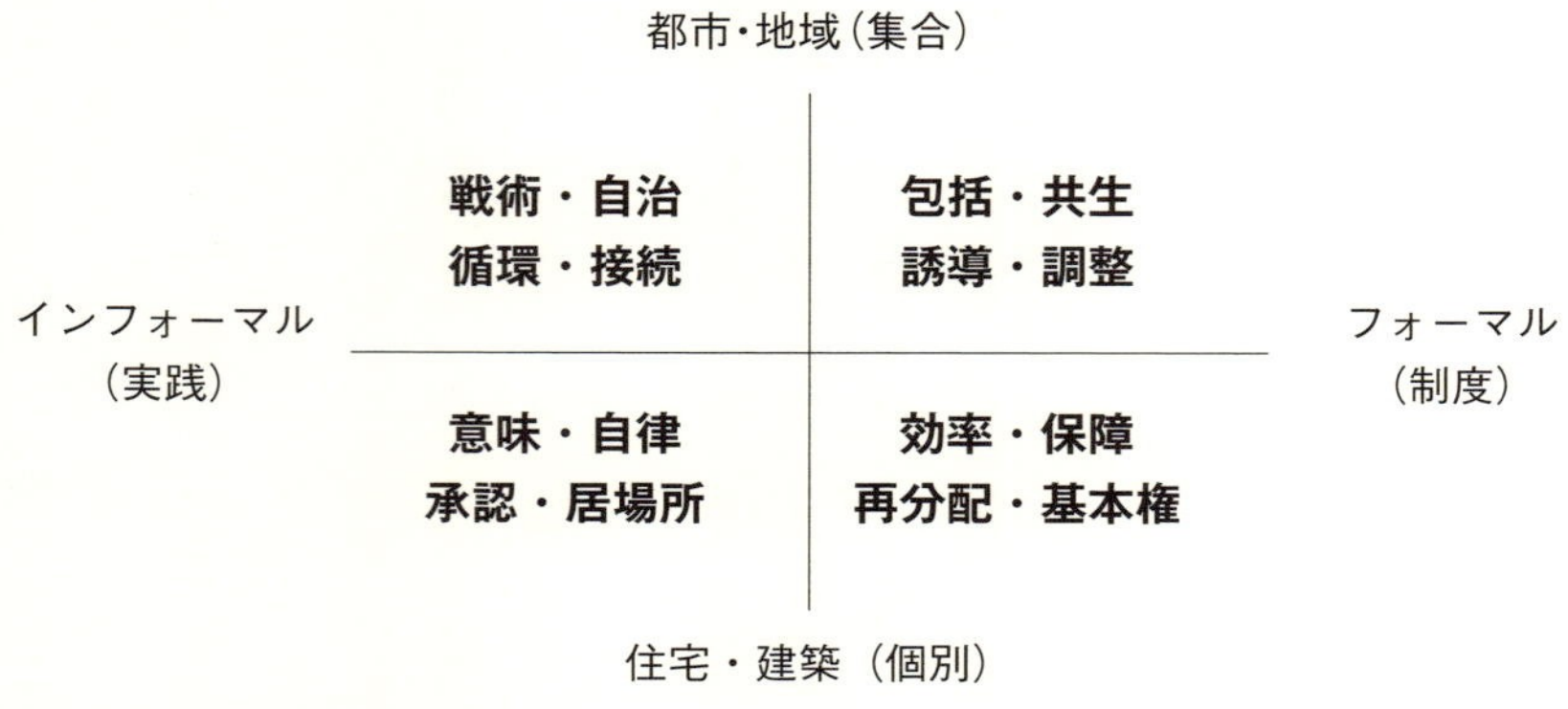

[図 1] 「住宅研究のフロンティア」の俯瞰

性を示している。二〇一二年、*International Encyclopedia of Housing and Home*（Smith ed. 2012）と題する書物が刊行された。全七巻、約四〇〇〇頁にわたって約六〇〇項目を収録した同書は、欧州を中心とする現代住宅研究の到達点が一望できるように構成されている。

この事典の特徴は、タイトルの通り「ハウジング」と「ホーム」という二つの焦点をもっていることである。前者は、法的な規制の対象となる建造物や、市場で流通する商品としての不動産のように、住宅政策や住宅市場といったフォーマルな制度とかかわりが深い。これに対して後者は、プライベートでインフォーマルな性質が強い。ホームとは、身体的な実践、社会的な慣習、心理的な愛着によって意味をあたえられた生活の場に他ならない。

すなわち、ハウジングは「居住のための資源の配分」に、ホームは「居場所の形成」に、それぞれ重点を置いている。「供給される空間」と「生きられる場所」と言ってもよい。これらの双方を視野におさめるという方針は、学際性とも密接にかかわっている。住宅研究は幅広い社会科学のなかに位置づけられ、多くの項目が経済学、社会学、法学、政治学、人類学、地理学、心理学、社会政策研究に根ざしている。

対極的ともいえる含意をもった二つの焦点が、なぜ不可分なものとして提示されているのか。それは、どちらかにかたよったとらえ方では、居住という経験を記述、分析できないということを、現代の住宅研究者たちが鋭く意識しているからである。

居住空間の獲得や権利の保護を求める社会運動は、ハウジングについての政治的決定への参画を目指すものである。それは同時に、ホームにかかわる実践にも根ざしている。そして、ホームの獲得は個人や家族の私的な行為であるとはかぎらず、それ自体が公共的な行動でもありうる。

もう一つの例を挙げるとすれば、金融技術の開発と住宅ローン市場のグローバル化である。不動産の証券化という仕組みによって、いま住んでいる住宅の資産価値が、容易に現金で引き出せるようになった。生活の場である自宅が、金融商品として市場と再び結びつけられ、そのことが人びとの福祉観を変えつつある（Lowe 2011=2017：文献10）。

ハウジングとホームには解きがたい緊張関係がある。両者の亀裂をいかに防ぎ、修復するか。ここでは、学問分野の線引きをこえた協働が求められている。住宅研究にかかわることで、人間と社会についての学問もまた鍛えられる。この意味で、住宅研究こそが現代の知における一つのフロンティアであると言えるだろう。

【参考文献】

（1）Allen, C. Reflections on Housing and Social Theory: an Interview with Jim Kemeny, *Housing, Theory and Society*, 22(2), 2005, pp.94-107.

（2）Bauer, C. Social Questions in Housing and Community Planning, *Journal of Social Issues*, 7(1-2), 1951, pp.1-34.

（3）Coleman, J. Robert K. Merton as Teacher, in Clark, J. Modgil, C. and Modgil, S.(eds.) *Robert K. Merton*, Falmer Press, 1990a, pp.25-32.

（4）Coleman, J. *Foundations of Social Theory*, Belknap Press of Harvard University Press, 1990b.（久慈利武監訳『社会理論の基礎 上』青木書店、二〇〇四年）

（5）Foley, D. The Sociology of Housing, *Annual Review of Sociology*, 6, 1980, pp.457-478.

（6）Hill, M. Foreword, in Lowe, S. *The Housing Debate*, Policy Press, 2011.（祐成保志訳『イギリスはいかにして持ち家社会となったか――住宅政策の社会学』ミネルヴァ書房、二〇一七年）

（7）Kemeny, J. *The Myth of Home-ownership*, Routledge & Kegan Paul, 1981.

（8）Kemeny, J. *Housing and Social Theory*, Routledge, 1992.（祐成保志訳『ハウジングと福祉国家――居住空間の社会的構築』新曜社、二〇一四年）

（9）Kopytoff, I. The Cultural Biography of Things: Commoditization as Process, in Appadurai, A.(ed.) *The Social Life of*

Things: Commodities in Cultural Perspective, Cambridge University Press, 1986.

（10）Lowe, S. *The Housing Debate*, Policy Press, 2011.（祐成保志訳『イギリスはいかにして持ち家社会となったか——住宅政策の社会学』ミネルヴァ書房、二〇一七年）

（11）Merton, R. K. The Social Psychology of Housing, in Wayne Dennis (ed.) *Current Trends in Social Psychology*, University of Pittsburgh Press, 1948, pp.163-217.（祐成保志訳「ハウジングの社会心理学」『人文科学論集人間情報学科編』四五、信州大学、二〇一一年、一三五～一六四頁）

（12）Merton, R. K. West, P. S. and Jahoda, M. *Patterns of Social Life: Explorations in the Sociology of Housing*, Columbia University Bureau of Applied Social Research. [Robert K. Merton Papers], Rare Book & Manuscript Library, Columbia University in the City of New York. Box 210, 1951.

（13）Pahl, R. E. *Whose city?*, Longmans, 1970[1975].

（14）Pattillo, M. Housing: Commodity versus Right, *Annual Review of Sociology*, 39, 2013, pp.509-531.

（15）祐成保志・平井太郎・西野淑美「戦後日本の社会調査における住宅の対象化」『住総研 研究論文集』三八、二〇一二年。

（16）祐成保志「住宅研究と社会学の協働——予言の自己成就をめぐって」中島明子編『HOUSERs——住宅問題と向き合う人々』萌文社、二〇一七年。

（17）祐成保志「建築論壇　住居への退却、まちの再生」『新建築』九三巻八号、二〇一八年八月。

（18）Zavisca, J. and Gerber, T. The Socioeconomic, Demographic, and Political Effects of Housing in Comparative Perspective, *Annual Review of Sociology*, 42, 2016, pp.347-367.

第 Ⅷ 章

住総研創立70年記念シンポジウム 討論

住宅研究のフロンティアはどこにあるのか

―10年後の未来に向けて、私たちは何をしたらよいのか―

住宅研究は誰に向けられたものか

祐成 保志（東京大学大学院 人文社会系研究科 准教授） それでは討論を始めたいと思います。先生方のご講演（第Ⅰ章～第Ⅵ章参照）をお聞きして、二つの軸があったように思います。一つは「フォーマル」と「インフォーマル」、もう一つは「個別」と「集合」です（一七六頁の図１参照）。こうした構図を念頭に置きながら、まずは、議論のベースとなる「住宅研究は誰に向けられたものか」という点についてお伺いしたいと思います。平山先生のお話のなかで、「地上」と「空中」を行き来するのが住宅研究ではないかという表現が印象に残りました。ご自身がどういった宛先を思い浮かべながら研究をされてきたのかということでも結構ですので、お話しいただければと思います。

平山 洋介（神戸大学大学院 人間発達環境学研究科 教授） 住宅研究は誰に向けられているかというと、重要なのは、住宅に困っている人たちのために役立てるということです。しかしながら、住まいの問題点を列挙するだけではほとんど役に立たない。より広い社会変化のなかで

平山洋介氏

住宅の位置と役割を説明することが大事です。住まいと社会の関係を説明できなければ、問題点の現象は把握できても、その原因は不明のままで、原因がわからないのであれば、有効な対策は打てません。その意味で、住宅研究をもっと広い文脈のなかに位置づける必要があると思います。

私は、学生・院生時代に、寝屋川や門真、神戸のインナーシティなどの木造アパートの調査研究に参加して卒業論文と修士論文を書きました。劣悪なアパートがたくさん密集している地域がたくさんありました。そこでいろいろ話を聞いて回ったとき、これはひどいな、これをどうしたらいいのかなと思ったのが研究のきっかけです。住宅問題のかたちはずいぶん変わりましたが、困っている人たちのために役立つ研究をしたいという想いに変わりはありません。

私は、建築分野の多くの研究者と同じく、調査が得意で、実証をずっと重視してきました。しかし、その一方、一所懸命に調査をしても、ひどい状態を描写するだ

けでは事態は何も動かないということを思い知りました。「描写」と「説明」では威力が違う。目の前で見たことを描写して、「これは大変だ」と言うだけではなく、なぜこうなのかということを、福祉国家論、社会階層論、イデオロギーの理論、権力論や資本論から説明することが重要と思いました。それからは、調査の腕をみがくだけでなく、同時に理論を学ぼうとして、シンポジウムの講演で述べましたように、「地上」での実態調査と「空中」を飛び交う権力や資本の理論検討を行ったり来たりすべきではないかと思うに至りました。

祐成　大月先生は、住宅研究はプロポーザルを企画する人のためでもあるべきだとの指摘をされました。いまの平山先生のコメントも踏まえて、どのようにお考えでしょうか。

大月 敏雄（東京大学大学院 工学系研究科 教授）私も、誰のための研究かといったら、困っている人のための研究だと言い切りたいと思います。しかしながら、困っている人の研究成果を困っている人にぶつけても、あまり問題は解決しません。それが、平山先生がおっしゃる空中戦の模様を理解しろということだと思います。やはり上空で繰り広げられる制度を理解し、研究の成果を、誰を動かすための、誰についているボタンを押すためなのかを考えなければならないと思います。それは、政府で働いている人、自治体で働いている人、NPOや銀行、メーカー、デベロッパーで働いている人など、それぞれにボタンがあって、そのボタンを探しながらやっていくしかありません。そういう意味では、住宅研究も非常にマルチなアウトプットの出し方をしていかなければならないと思います。

大月敏雄氏

平山　一方で、いまの住宅のシステムや政策に関して、どこが決定のパワーを持っているのかが見えにくくなっていて、故に「誰に向けて」を見極めるのが難しくなっていると思います。もちろん、大月先生がおっしゃるように、国のボタンを押す、自治体のボタンを押す、それは重要でコツコツやっていくべきだと思いますが、他方で、どこに何を言えば何がどうなるんだということに関して、少し立ち止まって考えてみる必要があると感じます。

祐成　重要なご指摘をありがとうございます。「誰に向けて」という論点との関連でお伺いしたいのは「町を運営する組織」についてです。園田先生の福祉と経済の循環に関するお話と、後藤先生の住宅の生産を地域に再び組み込むというお話がつながっているように思いました。お互いにどのようにお聞きになったのか、おたずねしたいと思います。まず、後藤先生からいかがでしょうか。

後藤　治（工学院大学　総合研究所　教授、理事長）私は、園田先生の話を、日ごろ自分が考えていることと近いところがあるなと思いながら聞いていました。「誰のために」という話でいうと、私の場合は古いものを残すという、いわばモノのためにやっているわけですが、もし人のためだとすれば、日本の地方の限界集落とか、過疎地域が少しでも豊かに暮らせるようにと考えています。

後藤 治氏

そのときに思うのは、長期的には成り立たなくても、この一〇年の間で短期的に町が元気に、少し豊かに暮らそうということであれば、いくつか手立てがあるように思います。まだ日本には年金制度もありますし、町の運営に際して、住民ががっつり稼ぐ必要はないと思います。ちょっとした観光産業で、年金プラスアルファの収入を得て、少し豊かに暮らせるということであれば、地方には資産になる住宅がたくさんあります。ただ、それがメンテナンスできていないので、その辺りに国の補助金をつけることができるのではないかと考えています。同じようなことを、園田先生が東京の大久保というまったく背景の異なる場所の話をされていたので、とても興味深く聞いていました。

園田　眞理子（明治大学　理工学部建築学科　教授）後藤先生と私の話は、私が申し上げたご当地資本・主義——地域に潜在化、あるいは顕在化している有形無形のものをつなぎ合わせて、地域で循環する仕組みをつくろうというところで、ぴったり一致しているのだと思います。そして、そのとき核になるのが住宅であるという点です。また、もう一つの共通点は、リアルな空間でそれを再編成して、すごくリッチではなくても、クオリティとしてはある一定以上の生活空間を実現させようとする点だと思います。

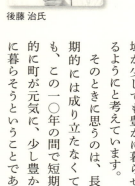

園田眞理子氏

さきほどの、「誰のため」という話がありましたが、私はいろいろな立場の人をつなぐ、いろいろなスケールの空間をつなぐということが住宅研究の役割だと思っています。それから、「都市への権利」については、移住者の話であり、日本ではほとんど意識する必要はないと思われるかもしれません。ですが、私の世代だと、親戚に引揚者たちがいて、その人たちが日本に帰ってきたときの状況は記憶の底に残っていますので、その権利について考えることができます。そうした「時代をつなぐ」という意味においても、研究活動が果たす役割はあると思います。

「社会の底」をつくる

祐成　住宅がいろいろなものの間をつないでいるというのは、住宅研究の面白さであると思います。しかしそれゆえに、住宅を単体として取り出すだけでは本当の役割は描けないという難しさにもつながっているように思います。

園田先生の「ご当地資本」との関連で、「地域福祉居住組合」というアイデアに興味を惹かれました。それが国家と市場に対して上手に適応していく主体であるという面と、それだけではなく国家や市場を超えていく主体としても構想されているのではないかというふうにお聞きしました。

もう一つ印象的だったのが、「社会の底」をつくるというご指摘です。これが大月先生の指摘されたマイノリティ、とりわけ移動する人口を包摂するarrival cityというアイデアとも重なってくると思いました。これからの一〇年、あるいはその先の数十年というのは、グローバルな人口移動に日本社会が本格的に巻き込まれていく時期ではないかと思います。そのときに、社会の底が抜けていると大変なことが起こります。これをどうやって維持、修復していくのかという論点が提出されたのではないかと思います。

社会学では、「コミュニティ」という言葉には警戒しなければならないと言われてきました。コミュニティというのは人を守るという面もありますが、一方で排除の主体にもなりうるからです。つまり、自警団のように異質なものに対して敵対的に働く、あるいは、集団同士の争いのなかでは相互排除につながる危険がある。どうやって国家や市場を超えつつ社会の底を維持できるのか、大月先生はどういうふうにお考えでしょうか。

大月　難しい問題ですが、その底を考えることの必要性を認識することが、きわめて重要なのではないかなと思います。

今日、arrival cityのお話をしましたが、世界中のスラムをみると、いずれも元気な都市にあるのが共通点で、東京にスラム地区がほとんどないのは、元気ではないからと言っていいと思います。新しい血を入れるには、やはりスラムがないといけないのではないかとすら思います。それはどんなエリアにでも言えることで、現在、地域包括ケアシステムでは、地域で最期を迎えようとする人びとを医療と介護で面倒みようとしていますが、新しくやってくる人に関しては、定住促進住宅の補助金くらいで、地域の人も含めてあまり積極的には考えていません。

今回はあまり詳しく紹介できませんでしたが、事例で紹介した東北のニュータウンには、端から端まで戸建てがズラーッと並んでいて、短時間で最大限の利益を出そうとする資本主義の風景となっています。しかしながら、そんなニュータウンでも時間を経て徐々に戸建ての賃貸が供給されるようになり、そこを足がかりに少しずつarrival cityみたいなものが自然発生的につくられてきました。

このように短期間に、ある意味短絡的につくった町を、どのように地域で循環できるものに仕立て上げていくのかというのが、これからの重要なポイントだと思います。それをどういう組織がどのように担っていくか、可能性を探ることが必要です。たとえば、最近は小学校の校区ごとに協議会（学区協議会）などもあるので、そういうところと地元の町内会、自治会、NPOが、この町をどうするのかを話すべきだと思うのです。そのときに、やはり住宅は論点の中心にならざるをえないような気がしていて、住宅研究というのはこれから大きくフォーカスされていくのではないかと思っています。

祐成　いまのお話は、大都市だけではなくて田舎や郊外も含めてということですね。

「包摂」と「排除」という論点は、岡部先生の「都市への権利」というお話とも密接にかかわると思います。居住というのが基本的に排他的な占有というものをベースに成り立つのだとすると、「排除」と「居住」というのは、表裏一体の関係なのではないかとも思いますが、その両立は可能なのでしょうか。

岡部　明子（東京大学大学院 新領域創成科学研究科 教授）今日、私が、「住居への権利」と「都市への権利」のジレンマで説明しようとしたことを言いかえていただいたと思います。

基本的に、「居住」によりある場所を占有するということは、人を排除することです。現在の土地所有制度では、所有権を持っている個人がマーケットで自由に売ることができるというかたちで、排他性があります。また一方で、人がどのように土地に定着するかと

岡部明子氏

いうことを考えると、個人よりも、集団であり、その中で分配をして、それぞれの責務を決めていくというかたちであると思います。集団で適切にマネジメントされている限り排除されないという意味で「包摂型」といえます。何千年あるいは何万年という人間の長い歴史をみると、そちらのほうが当たり前で、居住によって、個人レベルで他人を排除するようなマーケットのしくみ、あるいはさまざまな法的制度の成立の方が一時的なものなのではないでしょうか。そして、いずれは「包摂型」へと、マーケット、あるいは国の制度自体が変質していくのではないかというのが、より長い時間軸で見たときの方向性だと思っています。

住宅の「性能評価」は0（ゼロ）か1ではない

祐成　ゼロか1かの所有という制度が、歴史の中で見ると一時的な仕組みであるということですね。このことについて、次の論点である「グレーの機能評価」に絡めて考えていきたいと思います。岩前先生のお話の中で、「快適」というのは意味の世界に属していて、本当は不健康であっても、本人が満足して快適だと感じてしまっていることもある、というご指摘がありました。一方で、「性能」というのはかなりデジタルに

把握できるものかもしれません。岩前先生は、グレーの機能評価について、どのようにお感じになりましたでしょうか。

岩前 篤（近畿大学 建築学部長、アンチエイジングセンター 教授） 難しい質問ですね。いままで我々がやってきた住宅の性能というのは、結局ユーザーの求めるものに応じてつくってきたのではないのかと思います。その意味でいくと、「快適」というものは、アナログのものを満たすための性能、つまりデジタル化だというふうに置きかえられると思います。ただ、そもそも目的としたものが本当に正しかったのかどうかを、改めて問い直すべきではないかと思います。

大月 制度のことを抜きにすれば、物事のデータや結果は総じてアナログ評価ですが、いま流行している制度のことを考えると、きわめてデジタル評価です。それは、先に予算が決まっていて、それを国民が合意したとされる目的に従って重点的に配分するためには、絶対的数値であれば誰にでも線引きの根拠がわかりやすく説明責任を果たしやすいからです。近代というのは、そういうことを前提に構築されているところがあるような気がしています。

たとえば、快適や安全の性能についてある基準を満たしたら補助金がつくという場合、ざっくり言って、この性能を超えたら補助金をあげるけれども、この性能未満であれば補助金はあげられません、となる。つまり、1まで到達した人だけが補助金をもらえる仕組みです。しかし、1に近い小数、あるいは1を越えて頑張った人についても、やはり評価されるべきで、それなりに補助金を出してもいいのではないか。そういうことを少しずつ考え直した方がいいというのが、僕が「グレーの評価基準」で言いたかったことです。

さきほど「個人」と「集合」という話がありましたが、制度から考えると、もう一つ「世帯」という尺度があって、個人一人ひとりが、この「世帯」という枠に押し込められて数値化されています。たとえば、他人であっても家族のような関係はカウントされずに、とにかく数の論理で五〇〇〇戸の団地には五〇〇〇戸分に対応できる集会所が必要だというようなロジックに置きかえられるようなことも、実際の設計や計画のあり方では多々あるので、いままでの基準や単位を考え直さなければいけないのではないかと思っています。

園田 関連してお話ししてよろしいでしょうか。近代に入って高い教育を受けた人たちは、すべて何かすること（doing）に対してカウントがされています。具体的に言うと、おむつを五回替えましたというのは、ちゃんと介護をやったと評価されるわけですが、お手洗いに行きたいのかなと思って先回りしてトイレに誘導しても、それはカウントされません。つまり現代の社会で欠落しているのはbeing、つまり何もしないでそこにいること、佇むとか、憩うとか、何もしないけど気持ちがよいということは、デジタルに数えることができないし、その状態を保っている（keeping）ことに対して評価する尺度を持っていません。いまのdoing社会の行き詰り感に対して、いかにbeingを加味できるのか。それは、「居場所」という話と通ずるように思います。

それから、先ほどの岩前先生のお話を聞きながら、「快適」と「健康」をどういうふうに考えるかというのもなかなか難しいなと思いました。「快適」がbeingの状態だとすると、それを環境の分野ではいろいろ物理学的な現象として説明することになってきた。しかし、これが寿命や心拍数などの「健康」という話になった途端に、doingに引きずられてしまう。

岩前　まさにいまのご指摘の点は、私たちのスタートになっています。「ただそこにいる」、そのことが健康にもたらす効果として定量化できれば、それを一つの指標として置きかえられるからです。もちろん歩数や心拍数、血圧などの基本的な数値は必要ですが、そういう何もしない時間が実はすごく大事だというような結果が出れば、それを指標化すればいいのです。何もしない、要するに行動に出るものをインデックス化することで解決していけばいいのではないかと思います。

岩前 篤氏

園田　「安心」や「安全」という言葉がとてもあやふやなのだと思います。たとえば、寝たきりになっても、とにかく寿命が一秒でも二秒でも長いほうがいいのか、それより一か月短くても、好きなものを食べて、好きな歌を歌って最期を迎えた方がいいのか。その選択というのはまさに価値観の問題で、私たちはそれを語るのがすごく苦手ですよね。しかもいまは価値観そのものが多様化していて、グローバルな価値観とローカルな価値観が併存し、世代によってもまったく違います。いわば個々人が別々の時空を生きているような時代です。これは、よく言えばダイバーシティ（多様性）ですが、そのなかに潜む孤立感みたいなことが、住宅研究のフロンティアにも露出しているような気がします。

「居場所」とその権利

祐成　岡部先生と大月先生から、「居場所」というキーワードが提起されました。岡部先生のいう「居場所」はハビタット（生息場所）、つまり「都市への権利」の定義でいう、ある土地や空間を占有するという側面に重点を置いているのではないかと思います。一方で大月先生は、先ほど園田先生がおっしゃっていたbeing、言いかえると「存在」、もう少し踏み込むと「存在の承認」を示しているのではないでしょうか。つまり、土地や空間と明確には対応していなくても、そこにいることを認める、認められていることを感じられる状態のことを「居場所」と呼んでおられると思ったのですが、いかがでしょうか。

岡部　私は、結論から言うとその両方です。まず、気候変動や紛争で追われて都市に流れ着いてきた人たちが、何らか自分の占有する場所を持てるようにする、そこに居続けられる状態にするという意味での「居場所」には、「占有する」という意味合いが一義的にあります。けれども「居場所」というものをルフェーブルに沿って考えるのであれば、その空間で集団的にある行動を起こすことによって、みずからも変革し、さらに都市自体も変革するというような意味合いがあります。それには他者に認められて安心していられる場所であるということもその次の意味として持っているのですが、私は後者の意味を併せ持ってこそ「居場所」といえると思っています。

大月　僕が言っている「居場所」は、非常に多様な意味があると思っていますが、いま、岡部先生が前半で話をされた、いわゆるハビタット的な居住権、人から追い立てられない権利みたいなものが、やはり根源にあるのかなと思います。

たとえば、ずっと昔の不良の高校生にとって、学校の屋上で夕日を見ながらたばこを吸うという居場所もあったと思います。先生に見つかったら注意されて、あっけなくなるような、非常にテンポラリーながら、その瞬間は何か自分の存在を確かめられる「大切な場所」であるような気がします。これまでは、そういう自分だけにしかわからない居場所というのが計画の対象になっていなかったのではないかと思うのです。

それから、園田先生の話ともつながるのですが、高齢者が閉じこもってしまって、施設の中にしか居場所をつくることができずに、なかなか外に行けないというのも、ある意味で「都市への権利」が阻害された状態であるように思います。何か「居場所」と「都市への権利」を両方随時に持てるような状況、そういうものこそ目指すべきではないのか。そういう意味では、「都市への権利」と「居場所の権利」というのは、何か不可分に新しい価値として訴えていくべき空間像のような気がします。

祐成　このあたりについて、平山先生にもおたずねしたいと思います。岡部先生から提起された「都市への権利」と「住居への権利」のジレンマという点について、どういうふうにお考えでしょうか。

平山　いま出ているお話を受けて申しますと、住宅という場所はつくったけれど、しかし居場所にはなっていない典型例として、二三年前の阪神淡路大震災の後に建設された神戸の復興公営住宅が挙げられます。高齢の方が多く入居され、二〇年以上が経ったいま、八〇歳を超える高齢者の方が居住者の多くを占めるといった状態の団地が珍しくありません。この復興団地は、まさに戦後の住宅計画理論にのっとってつくられました。物理的な居場所はありますし、家賃も低く設定しているのですが、単身高齢の方が閉じこもってしまうような状況があります。

戦後の住宅設計の理論では、プライバシーの確保がきわめて重視されました。人間は、人とおしゃべりしたり、触れ合ったり、ということを必要とします。そして、おしゃべりや、人と触れ合うのは世帯のなかで完結させる、という方針がプライバシー重視のプランニングに反映されました。しかし、入居者が高齢の単身者になっていき、七〇歳、八〇歳と加齢していくと、プライバシーのための装置は一転して孤立の装置になってしまい、それは、フィジカルな居場所ではあっても、人との接触を支える「居場所」とは言えなくなってしまいます。復興団地内には、住民交流のための場所として集会所があって、そこでNPOやボランティアの方々がさまざまな会を催してくださるわけですが、そういうのが苦手な人もおられます。フォーマルにみんなが集まる居場所をつくるだけではなく、ふらっと、気楽にいつでも人に会えるような、さまざまな場所がもっと必要なんだろうと思います。

岡部先生の「住居への権利」と「都市への権利」についてのお話は、示唆に富んでいると思いましたが、両者を対立させる考え方には違和感があります。また、「住居への権利」が排他的であるとおっしゃるのは、すべての社会に当てはまるわけではありません。確かに、私的な住宅所有を中心にした国では、「住居への権利」が私有財産への権利を含意し、排他的になる。しかし、先進国には、私的所有を基軸としたインディヴィデュアルなモデルをつくろうとした国だけではなく、社会住宅のストックを蓄積し、コレクティブなモデルをつくろうとした国がありました。「住居への権利」という場合、それは持ち家資産の所有に対する権利だけではなく、住宅問題の社会的な解決をめざす権利を意味する社会もあり、住宅システムとイデオロギーに類型があるということをみる必要があります。

「居住」の主体は誰なのか

祐成　後半のお話のなかで、その「居住」の主体が誰なのか。個人が保障された世帯を想定するのか、集団、組合的なものを想定するのか、その集合的な主体をどう構想するかによって、住居への権利というものの意味あいも変わってくるのかもしれないですね。

平山　おっしゃるとおりで、社会が利用可能なストックの蓄積を目指した類型と、そうではない類型がありました。そのなかで、日本は、社会的な保障ではなく、自力や家族による保障を重視し、私有住宅の所有を促進する方向を選んできました。

しかし今後は、社会的または集合的に利用可能な住宅をほとんどもっていないという現状の非合理性が高まっていくと思います。高齢者が四割になり、認知症の人たちが八〇〇万人に及ぶと言われているような状況を前にして、日本には社会的に使える住宅（公営住宅）が三・八％しかありません。公的な家賃補助もありません。その制度がないのは、OECDでは、日本を含むわずかな国だけです。さらには、非正規雇用の第一世代という大きなグループが高齢期に向かっていて、その人たちの大半は無年金状態になると予想されます。戦後、一所懸命に持ち家に投資してきた結果、私物の住宅が山のように積み上がっているわけですが、そのストックは社会目的のためには利用できず、空き家のままで無駄になっていくというケースも増えます。社会・文化的あるいはイデオロギーとして私有住宅が支配的であるとしても、私物の住宅しかないという状況はだんだん合理性を失うと思います。

園田　おっしゃるとおり絶望的です。日本住宅公団や公営住宅法ができた頃は、人の平均寿命が男性は六〇歳前半で、女性でも七〇歳に届かず、合計特殊出生率（一人の女性が出産可能とされる間に産む子どもの数の平均）が三を超えた時代でした。その後の高度経済成長期では、核家族をターゲットにした持ち家政策にのっとって、とにかく一生懸命頑張ってきたわけです。それが、いまや女性は寿命が九〇歳に近づき、合計特殊出生率が一・四という、わずか半世紀ぐらいの間に信じられないようなスピードで変化してしまったわけです。けれども、私たちが相手にしている建物やインフラはそんなに早くは変われません。当時の状況に合わせて一生懸命つくってきたガチガチの骨格が、いまの状況と大きくミスマッチを起こしているのです。

もう一つ、平山先生のご指摘について、以前私も計算してみたのですが、いま、高齢者の社会保障に日本は年間九〇兆円使っています。年金が六〇兆円、介護保険が一〇兆円、医療費は四〇兆円のうち半分が高齢者のものです。九〇兆円というと、ほぼ年間の国家予算と同じぐらい使っています。しかし、高齢者の生活保護での住宅扶助費と公営住宅での高齢者に対して使っているお金をざっくり合算してみると、わずか八〇〇〇億円、住居については高齢者の社会保障給付総額の一％もお金を使っていないのです。なぜそれで成り立っているのかというと、高齢者のいる世帯の八三％は持ち家に住んでいるからなのです。戦後の持ち家政策が、かろうじて効いている面もある。しかし、昨今のように災害が起きて、その安定が覆されたときに、それをリカバリーする術がないというのがいまの状況です。

そのぐらいのスピード感で状況は変わってきていますので、今日はこの先一〇年を議論しているわけですが、もっと先の激烈な変化に備えてディスカッションをしておく必要があるのではないかと思います。

岡部　哲学者のオルテガ・イ・ガセットの言葉で「人は家の中にいるために家をつくるけれども、家から出て、同じように家から出てきた人たちと出会うために都市をつくるのだ」というのがあります。そこが「都市への権利」のラテン的な解釈だと思うのです。

平山先生が後半おっしゃられた社会的なストックとしての重要性というのは、私も非常に理解するところです。しかし、インフォーマルな地区ができてしまうような途上国の都市で、いま最も必要とされているのはソーシャルハウジングというかたちではどうもなくて、大月先生が引用されたarrival cityのような人たちを受け入れる場所、インフォーマルな地区の生活の質を居ながらにして向上できるような場所のほうが求められているのです。つまり、ソーシャルなストックになりうるインフォーマル地区みたいなのが途上国では必要とされています。

一方、日本の高齢化に目を向けてみても、高齢者向けのソーシャルなストックをつくるというよりは、持ち家で構成されている町そのものをソーシャルなストックへと転換していくということが求められるのではないでしょうか。そういう意味で私は、途上国のインフォーマルな地域と日本の高齢化が進む住宅地とは、相互に学び合えることがあると思っています。

平山　いま、お二人から伺ったお話には、わかるところもあります。日本の場合、持ち家が社会住宅のような役割を果たしているケースが多く、それをどう評価するかという問いがありえます。たとえば、非正規雇用の人たちが劇的に増えた状況に関して、労働市場の規制をここまで緩和できたのはなぜなのかというと、私の考えでは、持ち家ストックが下支えしたからです。雇用の非正規化を進めると、社会は不安定になります。ところが、非正規就労の若者の多くは、親の家に住んでいる実態があります。低賃金でも、無料で住める家がある。この親の持ち家が「バッファー(緩衝)」になって、労働市場の変化の影響を緩和したとみています。さらに、たとえば、離婚した人たちの住宅をみると、とくに女性では、親の家に戻る場合が多い。ここでも、持ち家ストックが離婚という危機の「バッファー」になっている。とはいえ、持ち家ばかりでこれからの社会変化を乗り切れるかというと、私は難しいと思います。高齢者の八割強は持ち家に住んでいる。しかし、二割弱は賃貸住宅で、とくに民営借家の高齢者は、おそろしく不安定な状態にある。親の持ち家が非正規若年層を支えるといった構図は、必ずしも持続可能とはいえない。

いま、岡部先生がおっしゃったように、持ち家あるいはその町が果たしている社会的な役割をどう評価するのか。その上で、持ち家ストックをどういうふうに社会的な資源に転換できるのか、という議論が必要になると思います。持ち家を賃貸化するにはどうすべきか、といった議論がすでに出ています。広すぎる家の一部をコミュニティに開放するという試みもあります。私物の蓄積を無駄にするのではなく、どういうふうに使っていくのか、持ち家を中心とした町で社会的な課題やコミュニティのニーズにどう対応していくのか、そのために、持ち家にどういう性質と役割をもたせるのか、といった問いを立てることが重要になると思います。

祐成　ありがとうございます。「持ち家」とひと言で言えるものではなくて、それが潜在的にどういう機能を果たしてきたのかをまず明らかにするところから、これからの役割を考える作業につなげていくというお話だったと思います。

岩前先生の「健康と住宅」についてのお話で、健康を支える質を持った住宅を私有物としてのみ考えていくと、平山先生が指摘されたような資産の不平等のなかで、より健康な住宅に住み、健康を謳歌できる人たちと、そうではない人たちに分極化していくという未来像も想像します。これから、どのように社会的なストックとして健康を守る住宅をつくっていくのか、そのあたりの方策などについてお考えがあればお伺いできればと思います。

岩前　もし、その健康な住宅が試算上非常に高価なものになるというのであれば、いま言われたようなジレンマを生み出すと思います。しかし､健康というのは、本来の建物の維持費に加えて、健康に要する維持、福祉も含めた、その総トータルのコストで評価すべきだと思います。そうした場合、従来の住宅を健康化したほうが維持コストが下がる可能性もあります。実際に下がるという試算も出ていますので、その場合は、いまのジレンマは出てこないのではないかと思うわけです。

先ほどからの議論に関連して、方策を考える手立てとなる視点が二つあります。一つは、二〇一八年一月にイギリスは孤独担当大臣というポストを新設したことを発表しました。いま、欧米社会では「孤独」を社会の大きな問題として捉えています。日本にはまだそういう捉え方というのはないように思うのですが、これからの住宅研究を切り拓くテーマにもなるような気がします。

もう一つは、先ほどから持ち家に対する議論が出ていますが、たとえば、現在三〇代の方のライフシミュレーションでは、賃貸に住み続けると定年後に破綻するという予測が出ています。年金の想定をどこまでとするかにもよりますが、将来破綻しないためには家を買わざるをえないという答えもあろうかと思います。そういう観点からも、この持ち家というものの存在を考え直す必要があるのではないかと思います。

会場からの質問を交えて

祐成　会場の中島先生から「都市への権利」についてご質問があります。

中島　明子（和洋女子大学名誉教授）　私はまだ、国や自治体に期待をしているところがあって、まずそこが変わらなくてはいけないと思っています。岡部先生が、「住居への権利」は否定しないけれども、そこにも限界があるとおっしゃいました。ホームレスの支援などの経験から、確かにそれはわかるような気がするのです。しかし一方で、「都市への権利」をさしたとき、日本において、それは一体どういうかたちで動いていくのがよいのか、そのあたりをもう少し詳しくお話しいただけますでしょうか。

岡部　おっしゃるとおり、中島先生をはじめ、「住居への権利」や「居住の権利」に関して長年ご尽力をされてきた方にとって、「住居への権利」に限界があって、それを拡大したのが「都市への権利」だという捉え方には抵抗があると思います。しかしながら、国際政治で動いているのは、どちらかというとそういう方向です。「住居への権利」だけでは、難民の人や、スラムに住んでいる人を守りきれないところがあって、排除されないようにするための拡大方向として「都市への権利」を主張しています。ただし、この両者は本来質的に違うもので、そこにジレンマがあると私は思っています。

日本の場合は「都市への権利」とは無縁と思われるかもしれませんが、高齢者の孤立問題なども含めて考えるとすれば、日本がイニシアチブをとって世界をまとめていくほどの大きなキーワードになると思っています。しかしその反面、「都市への権利」は、たとえば自力建設のように、自力で何かするところに価値を置く考え方ですので、高齢者の方自身が何もないところから自分の家をつくるというのは難しい。その場合に、さきほども議論に出た「底をつくる」という話になってくるのだと思います。この両方が大切になるのですが、単に幸せな相互補完関係でもなく、ジレンマもある。その辺りに、この住宅研究のフロンティアがあるのではないかと考えています。

祐成　次に、バナキュラー（土地の固有のもの）、インフォーマルなコンテクストの中で居住を捉えるという点で、若林先生からご質問をいただいています。

若林 幹夫（早稲田大学教授）大月先生や園田先生や後藤先生あるいは平山先生、岡部先生のお話というのは、地域の共同体であったり、「都市への権利」でいう「都市」というのもコミューンという意味合いが強いと思うのです。その地域のローカルな自然環境のなかでそ

れを資産として生かしながら、住宅から地域、共同体、自然環境へと、住むことの概念を広げていく、それが「人が住む」ということなんだという問題提起は、とても納得のいく考えでした。それに対して平山先生の質問で大きく提示されたのは、そうしたものが市場や国家の力によって相当むしばまれているという現状であったかと思います。

そこで、二つお尋ねしたいのですが、一つは、大月先生や園田先生や後藤先生が提示されているような、地域の環境や共同体に根ざした住み方というものは、社会全体にそれを波及させていくようなオルタナティブな道を提示していくものなのか、それとも現在のグローバライゼーションや市場化が進み、ネオリベラルな政策が展開していくなかで、とりあえず地域における折衷案的なものを考えておられるのか。

もう一つ、私は自分の研究として、たとえば郊外のショッピングモールの研究や、最近は東京の湾岸地域を都市の中でどう捉えるかというようなことを考えているのですが、そういう場所を見ていると、人びとは個人主義的、マイホーム主義的になっていて、自然と人びととの間の交流みたいなものもないままに環境破壊が進んでいくような場所があります。いわば個人や家族がむき出しに市場や国家にさらされているような居住環境というものがあるわけで、そういう場所についてどうすればよいのか、考える道筋を示していただけたらうれしいです。

大月　個人の自由や市場原理、資本主義的なロジックに、地域に根ざして息づいてきた人たちはどう共存するのか、あるいは敵対していくのかということですが、少なくとも日本のいまの現状を考えると、どんな田舎に行っても携帯電話はほとんど通じますし、都市的なものをもはや否定できません。そのなかで、田舎のコミュニティ的なものの論理を押し返して、ネオリベラリズム出ていけと言うことは多分不可能だと思うので、折衷案の知恵を出し合って考えざるをえないと思います。

後藤　私も、前者については大月先生と同じ回答ですが、理由は少し異なります。いまの寿命は、かつて六〇歳くらいだったものが八〇歳、九〇歳ちかくまで伸びています。昔は、だいたい二〇年で世代交代をしていたのが、いまは人生の間に三世代、四世代がつながっているという状況です。地方が高齢化しているのは、寿命が延びているからどうしたって当たり前の話で、人生八〇年、九〇年時代の地方のあり方、都市のあり方というのは、これまで経験したことのないものなのです。その中での共存のあり方というのがあるのではないかと思っています。

それから、後者の荒んだ地域をどうするかという質問については、市場や国家のおかげで便利なインフラが整ったので、日本の国内のほとんどの地方は、東京へ短時間で行くことができます。二地域居住のようなライフスタイルも、難しくないような時代です。しかし反対に、東京にいる人は、東京二世、三世となっていき、親のふるさとをたどることで地方とつながっているけれども、地方に住んだことがない人が多いです。僕らの世代は、親の田舎の貧しさも知っているのですが、そういう経験がない人たちにとっては、むしろ憧れの豊かな田園のイメージがあったりします。そういうものが、逆に都会の荒んだところに入り込んで場所を立て直していくようなこともありうるのかなと思います。

園田　この問題は、バーチャル対リアルの問題であるように思います。私たちが生身の人間であることを失わない限り、リアルな世界をどうつくっていくかという問題解決の方策は見出せると思います。しかし、未来のことを想像すると、人工知能が人間の頭脳を超える転換点、シンギュラリティに到達し、人間の臓器とテクノロジーとが人機融合する時代が今世紀の半ば頃にはやってくると唱える人もいます。そういうなかで、少子高齢化により急激に人口を減らしている日本は、世界的にも特異な状況にあって、ひょっとすると人類の最先端ではないかと思うところもあります。私たちがこの生身の身体と生活をどのように適合させていくのか、いま、何か大変なことが起きているのではないかなというような気がします。

たとえば、「家（いえ）」と「世話（せわ）」という言葉は、とても面白い成り立ちをしています。家の「い」は「居ること」、「え（得・餌）」は「食べること」です。また「世話」の「せ」は「我が背」とか「あなた」という意味で、「わ」は「私」。「家」と「世話」という言葉には、人間の基礎的な関係が成り立っているのです。そのことを日々考えていくということは、とても重要なことではないかと思います。

平山　お答えにはなるかどうか心許ないですが、カール・ポランニーからエスピン-アンデルセンに至る「脱商品化」というコンセプトが重要になると思います。資本主義社会の矛盾は、あらゆるものを商品化していこうとする一方で、すべてが商品になってしまうと、それを買えない人は生きていけず、社会が成り立たないという点にあります。つまり、資本主義社会は、脱商品化の領域を必要とします。戦後の福祉国家は、社会保障、教育、医療、福祉など、さらに住宅の何割かを脱商品化しました。しかし、ネオリベラルの時代になって、そういう領域さえ再商品化されてきました。いま、問われているのは、資本主義社会が脱商品化領域を必要とするのであれば、それをどういう形で再構成するのかということなのだろうと思います。ネオリベラリズムの運動というのは、すべてを商品化しようとし、しかし、それは不可能で、必ず挫折する。そのときに、町や都市に脱商品化した空間をどんなふうにつくっていくのか、社会的に使える住まいをどういうふうに確保していくのかが問われると思います。

　関連して、日本の場合は、社会・政府ではなく、家族を脱商品化の担い手として位置づける傾向が強く、この点が気がかりです。高齢者のケアから不安定就労の若者の保護まで、家族領域でなんとかするように、というのが政府方針です。三世代同居を奨励するというような政策まであります。脱商品化の必要の大半を社会・政府ではなく、家族に吸収させるという方向の政策では、家族負担が大きくなりすぎて、これからの超高齢社会を維持できません。

岡部　いま、若林先生に郊外のことを言われて少しドキッとしました。まさに郊外の高齢化というのが、これから最も孤立を生み、大きな問題になるところです。ばらばらになっていて、自然とも、町ともつながっていないというようなところは、世界的に見ても「都市への権利」が最も危機的な状況にあるというふうに捉えられるのではないかと思います。

　住宅性能的に見ればいずれも適切な住居です。けれども、そうした都市への権利が欠如しているという状況については、なかなか制度的な解決策は難しい領域です。商品化に埋め尽くされたような郊外で、脱商品化の余地をどのようにつくり出していくのかというのが、これから取り組んでいくべきところなんだろうと思います。

　冒頭の「誰のための研究か」というところで、大月先生が、誰かのボタンを押すというお話しされましたが、この問題は政府に働きかけてもボタンがなく、まだどこにもボタンがみつからないような状況です。これについては、いま若者たちがやっているセルフリノベーションのようなダイレクトな実践方法や、情報共有のあり方で一気に拡散するようなアプローチのかたちがあるのではないかと思います。

岩前　技術という観点で言えば、過疎集落の高齢者問題は、自動運転の車が解決する可能性も秘めています。そういうさまざまな新しい技術の下支えにより、社会のありようが変わる可能性も大きいと思っています。逆に、自動運転が日常の運動量を減らして不健康をもたらすことも十分ありますので楽観視はできませんが、慎重に社会全体で検討していくべきではないでしょうか。

　ただ、あるべき姿がよくわからないのに、方策を練っても仕方がないので、まずは「家」というものがどういう機能を求められているのか、いま以上に議論する必要があるように思います。

「住宅研究」のビジョンとは

野城　智也（東京大学生産技術研究所　教授）冒頭でこの講演会の趣旨を述べた際に、未来がますます不確実になっているというお話しをしました。今日のお話を聞きながら、やはり不確実であればあるほど、あるべき未来のビジョンを描く必要があるなと思いました。今日はそのあるべき未来にとっての大事なキーワードをたくさん提示いただきました。大きな図式としては、国や市場における非常に大きな動きと、ローカルな活動との関係のなかに、住宅研究のフロンティアがあるというのは、みなさんがおっしゃることはその通りだと思います。

野城 智也氏

　松村秀一（東京大学特任教授）さんがお仲間とまとめたアーカイブ（松村秀一ほか共著『箱の産業――プレハブ住宅技術者たちの証言』彰国社刊）で、日本でプレハブ産業をつくった主要メーカーの技術者たちの証言を収録したものがあります。それを読むと、あの時代のあの状況のなかで既成概念にとらわれることなく挑戦を繰り返した技術者たちは、とにかくものすごくやんちゃなんですよね。そういう彼らの会社がいま何をやっているかというと、プレハブ住宅事業のほかにも、さまざまな事業を展開する垂直統合された硬直的な巨大組織となっています。いまは、社会と事業との関係に関するまとまったビジョンをもちづらく、収益最大化のため自己運動しているようにみえます。だが、実はさまざまなヒントが転がっていて、やんちゃな気持ちをもって挑めば、地域に産業化する芽はたくさんあるのではないかと思うのです。少なくともプレハブ住宅をつくった産業の人たちには、自分のため、家族のため、世の中のため、会社のため、そういうベクトルが見事に一致した、強い動機付けがあったからこそ、新産業を立ち上げたのだと思います。

今日、デジタルの話が少しだけ出てきましたが、デジタルというのは世界中で、いままでの規制の仕組みの中でアンバウンドリング（分離明確化）を促進しています。たとえば、いままでは物流と商いの商流と情報流が一体的でしたが、それがばらばらになっています。それがアマゾン（Amazon）を生み、その結果として、日本中でどんどん実店舗の面積が減り、それがまちづくりにも影響しています。しかし、ＩｏＴ（Internet of Things）を使っても最後には人がやらなければいけないサービスは残るので、ＩｏＴで成功したければローカルサービスを持たなくてはならないという基本的な問題点も浮かびあがっているわけです。これからのコミュニティビジネスでは、小さな企業であっても、たとえば仮想通貨の基幹技術として知られるブロックチェーンの技術を使えば、小規模で散在した取引であってもコストを抑えた迅速な決済ができる可能性があります。ＩＴには有害な面もあれば、とんでもない変革を起こす面もある。そうした知恵をよく使っていくと、今日のテーマの中であるフロンティアの方向に持っていくことができると思います。そのためには、ここに出てきたさまざまなキーワードをつむぎ合わせて、それぞれの関係者がそのあるべき未来についてビジョンを見出していくこと。今日はそういうことができる一歩だったのではないかなと感じました。

祐成　ありがとうございます。最後に、私のほうからお話しをさせていただきたいと思います。フォーマルとインフォーマル、都市や地域などの集合と住宅建築などの個別という水準、その四つを横断していくのが住宅研究なのだろうと思います（一七六頁参照）。改めて今日のお話をうかがって、「中間」というのがキーワードではないかというふうに思いました。「中間」というのは、たとえばいろいろな分野の中間、サイエンスとエンジニアリング、ヒューマニティーズの間にあるという面もあれば、制度と実践の間ということもあると思います。それから、かたちのあるものと見えないものの間にあるということも言えると思います。そういった、さまざまなものの中間にあることが、住宅研究の面白さであり、また難しさなのではないかと思います。

祐成 保志氏

七〇年ほど前に、L・ワースというアメリカの社会学者が、住宅産業は自動車産業と違って緊密には組織されていないと指摘しました。その隙間をだれが埋めていくのか。住宅運動家C・バウアーは「ミドルマン」という人びとに着目しました。例えば法律もあまりきっちり決まっておらず、その細部はミドルマンが翻訳しなければならない。隙間を埋めるためには言葉やイメージが必要で、表現や説得の技術が発達していく。

物体として見たときには、住宅は長く維持される。その間に、使われ方も変わっていく。たとえば、かつては大邸宅が並んでいたエリアに隙間が広がって、やがて移民の住む場所になる。およそ五〇年前、イギリスの社会学者レックスとムーアは、こうした地域をtwilight zones of transitionと呼びました。つまり、いろいろな人が入り込んでいて、場所の意味が流動化していく。現代風の言い方をすれば、arrival cityでしょうか。必ずしもたどり着いた先で居場所が見つかるとは限らず、住宅をめぐる階級闘争が展開される場所でもあるわけです。

こうした住宅の性質を、J・ケメニーは「埋め込み」という言葉でとらえようとしました。住宅が社会構造の隙間を埋めており、一方で、住宅を供給するシステムの隙間を社会構造が埋めているというような、お互いに浸透し合っている関係がある。見方を変えると、住宅は社会の急激な変化に対する衝撃吸収材にもなるわけです。しかしながら、もはや住宅が社会の危機を受けとめ切れなくなるのではないか。そうした予感が、このシンポジウムの登壇者の方々に共有されていたのではないかと思います。どうすればこれを受けとめることができるのか。そのための構想が求められているのではないかと思います。

住宅と社会の相互浸透は、うまく回っている場合には意識されにくいのですが、それが顕在化してきている。本日のテーマは「住宅研究のフロンティア」でしたが、ご講演と討論をつうじて、住宅研究こそが、さまざまな学問にとってのフロンティアになるのではないかという手ごたえを感じました。これから、ほかの分野にどのようなインパクトを与えるのか、私自身としてもそのことを示せるような研究に取り組んでいきたいと考えています。本日は長時間にわたりありがとうございました。(終)

人名索引

【ハ行】

【マ行】

【タ行】

【ナ行】

事項索引

※執筆順

岩前 篤（いわまえ あつし）

近畿大学 建築学部長、同アンチエイジングセンター教授

1961年和歌山県生まれ。1986年に神戸大学大学院を修了し、住宅メーカーに入社、研究所で住宅の断熱・気密・防露に関する研究開発に携わる。2003年春に退社し、近畿大学理工学部建築学科に助教授として就任、2009年教授、2011年建築学部創設とともに学部長就任、現在に至る。建築、特に住宅の省エネ性と健康性に関する調査、また高性能住宅を実現するための部材の開発に携わる。経済産業省をはじめ、中央各省庁ならびに、大阪府・市、神戸市などの建築の省エネに関わる技術的な評価、開発に携わる。著書に『あたらしい　家づくりの教科書』（共著、新建新聞社、2016年）など。

岡部 明子（おかべ あきこ）

東京大学大学院新領域創成科学研究科教授

1963年東京都生まれ。1985年東京大学工学部建築学科卒業後、1987年まで磯崎新アトリエ（バルセロナ）に勤務。その後、日本に戻り1989年、東京大学大学院建築学専攻修士課程を修了し、再びバルセロナへ。1990年、堀正人とHori & Okabe, architectsを設立、建築などのデザインを手がける。1996年より東京。2004年より千葉大学助教授などを経て、2015年より現職。環境学博士。建築家。著書に『高密度化するメガシティ』（編著、東京大学出版会、2017年）、『バルセロナ』（中公新書、2010年）、『サステイナブルシティ―EUの地域・環境戦略』（学芸出版社、2003年）、『ユーロアーキテクツ』（学芸出版社、1998年）など。

平山 洋介（ひらやま ようすけ）

神戸大学大学院人間発達環境学研究科教授

1958年大阪府生まれ。1988年神戸大学大学院自然科学研究科博士課程修了、2003年より現職。著書に『都市の条件―住まい、人生、社会持続』（NTT出版、2011年）、『住宅政策のどこが問題か』（光文社新書、2009年）、共著に*Housing in Post-Growth Society*（Routledge, 2018）、共編著に*Housing and Social Transition in Japan*（Routledge, 2007）、『住まいを再生する―東北復興の政策・制度論』（岩波書店、2013年）など。日本建築学会賞（論文）など受賞。

祐成 保志（すけなり やすし）

東京大学大学院人文社会系研究科准教授

1974年大阪府生まれ。東京大学文学部卒業。東京大学大学院人文社会系研究科博士課程修了。博士（社会学）。信州大学人文学部准教授などを経て、2012年より東京大学大学院人文社会系研究科准教授。専門は都市・地域社会学、ハウジング研究。著書に『〈住宅〉の歴史社会学』（新曜社、2008年）、『受け継がれる住まい』（共著、柏書房、2016年）、『転げ落ちない社会』（共著、勁草書房、2017年）など。訳書に、『ハウジングと福祉国家』（新曜社、2014年）、『イギリスはいかにして持ち家社会となったか』（ミネルヴァ書房、2017年）。

※執筆順

野城 智也（やしろ ともなり）

東京大学生産技術研究所 教授

1957年東京都生まれ。1985年東京大学大学院工学系研究科博士課程修了、建設省建築研究所、武蔵工業大学、東京大学大学院工学系研究科社会基盤工学専攻を経て、2001年より現職。東京大学生産技術研究所所長、東京大学副学長を歴任。日本建築学会賞（論文）・著作賞、日本公認会計士協会学術賞、都市住宅学会業績賞などを受賞。著書に『イノベーション・マネジメント―プロセス・組織の構造化から考える』（東京大学出版会、2016年）、『建築ものづくり論―Architecture as "Architecture"』（共著、有斐閣、2015年）、『生活用IoTがわかる本 暮らしのモノをインターネットでつなぐイノベーションとその課題』（共著、インプレスR&D、2017年）など。

大月 敏雄（おおつき としお）

東京大学大学院工学系研究科 教授

1967年福岡県生まれ。東京大学工学部建築学科卒業。同大学院博士課程単位取得退学。横浜国立大学助手、東京理科大学助教授を経て、東京大学教授。博士（工学）。専門は建築計画、住宅地計画、住宅政策。著書に『集合住宅の時間』（王国社、2006年）、『奇跡の団地　阿佐ヶ谷住宅』（王国社、2010年）、『近居』（学芸出版社、2014年）、『住まいと町とコミュニティ』（王国社、2017年）、『町を住みこなす―超高齢社会の居場所づくり』（岩波書店、2017年）、『住宅地のマネジメント』（建築資料研究社、2018年）、『四谷コーポラス』（鹿島出版会、2018年）など。

園田 眞理子（そのだ まりこ）

明治大学理工学部 教授

1957年石川県生まれ。1979年千葉大学工学部建築学科卒業。1993年千葉大学大学院自然科学研究科博士課程修了。（株）市浦都市開発建築コンサルタンツ、（財）日本建築センターを経て、1997年より明治大学に勤務。一般社団法人「移住·住みかえ支援機構」理事。一般社団法人「全国ホームホスピス協会」理事。博士（工学）・一級建築士。専門は建築計画学、住宅政策論。著書に『世界の高齢者住宅―日本・アメリカ・ヨーロッパ』（日本建築センター出版部、1993年）、『建築女子が聞く　住まいの金融と税制』（共著、学芸出版社、2015年）など。

後藤 治（ごとう おさむ）

工学院大学 総合研究所教授·理事長

1960年東京都生まれ。1984年東京大学工学部建築学科卒業。1988年東京大学大学院工学研究科博士課程中退。1988年文化庁文化財保護部建造物課。1999年工学院大学工学部建築都市デザイン学科助教授。2005年同教授。2011年建築学部建築デザイン学科教授・常務理事。2017年理事長に就任。2018年より現職。博士（工学）、一級建築士。著書に『食と建築土木』（共著、LIXIL出版、2013年）、『それでも「木密」に住み続けたい！』（共著、彰国社、2009年）、『都市の記憶を失う前に』（共著、白揚社、2008年）、『日本建築史』（共立出版、2003年）など。

【一般財団法人 住総研について】

故清水康雄(当時清水建設社長)の発起により、1948(昭和23)年に東京都の認可を受け「財団法人新住宅普及会」として設立された。設立当時の、著しい住宅不足が重大な社会問題となっていたことを憂慮し、当時の寄附行為の目的には「住宅建設の総合的研究及びその成果の実践により窮迫せる現下の住宅問題の解決に資する」と定めていた。その後、住宅数が所帯数を上回りはじめた1972(昭和47)年に研究活動に軸足を置き、その活動が本格化した1988(昭和63)年に「財団法人住宅総合研究財団」に名称を変更、さらに2011(平成23)年7月1日には、公益法人改革のもとで、「一般財団法人 住総研」として新たに内閣府より移行が認可され、現在に至る。一貫して「住まいに関わる研究並びに実践を通して得た成果を広く社会に公開普及することで住生活の向上に資する」ことを目的に活動をしている。

《住総研住まい読本》

未来《みらい》の住《す》まい
——住《じゅう》宅《たく》研《けん》究《きゅう》のフロンティアはどこにあるのか

2019年3月31日　第1刷発行

著者　野城智也・大月敏雄・園田眞理子・後藤治・岩前篤
岡部明子・平山洋介・祐成保志

編集　一般財団法人 住総研

発行者　富澤凡子

発行所　柏書房株式会社
東京都文京区本郷2-15-13 (〒113-0033)
電話 (03)3830-1891［営業］
(03)3830-1894［編集］

装丁　清水良洋 (Malpu Design)
組版　有限会社クリエイト・ジェイ
印刷　壮光舎印刷株式会社
製本　株式会社ブックアート

ISBN978-4-7601-5091-5